Gerhard Stremmer

von

Gottfried Kneifel

16.12.88

Gerhart Bruckmann

Mega-Trends für Österreich

Wege in die Zukunft

Ueberreuter

CIP-Titelaufnahme der Deutschen Bibliothek

Bruckmann, Gerhart:
Mega-Trends für Österreich: Wege in d. Zukunft / Gerhart Bruckmann. -
Wien : Ueberreuter, 1988
ISBN 3-8000-3303-8

AU 107/1

Umschlag von Brigitte Schwaiger

Gesamtherstellung: Carl Ueberreuter Druckerei Ges. m. b. H., Korneuburg
Printed in Austria

INHALT

Eine Vision für Österreich

Wie wollen wir morgen leben?
Wenn Österreicher aller Altersgruppen und Schichten aufgefordert würden, ihre Zielvorstellungen niederzuschreiben - was wäre das Ergebnis?
Die Frage müßte, genauer formuliert, lauten: Wie würde ich mir wünschen, daß ich - und alle anderen Österreicher gleich mir - ihr Leben morgen gestalten könnten? Unzulässig wäre also etwa die Antwort »Ich möchte nichts arbeiten« oder »Ich möchte ein Prinz mit Schloß, Schloßpark und hundert Bediensteten sein«, denn dies könnte nicht für alle Österreicher gleichermaßen gelten. Ausgeschlossen wären aber auch widersprüchliche Wünsche wie »Ich möchte ein Haus in absoluter Ruhelage mit Autobahn bis zur Haustür«.
Die Antworten würden - ziemlich einhellig - so lauten:
Ich möchte in einer gesunden Umwelt leben, mit sauberer Luft, gutem Trinkwasser und einer intakten Natur.
Ich möchte jene Schulen besuchen können, die meine Fähigkeiten fördern, und zwar nicht nur am Beginn meines Lebens, sondern ich möchte auch später noch die Möglichkeit haben, etwas dazu zu lernen, wenn ich dies wünsche.
Ich möchte keine Angst haben müssen vor Arbeitslosigkeit, Krankheit und Armut im Alter; ich möchte also ein ausreichend dichtes Netz an sozialer Sicherheit.
Mir ist klar, daß ich während meines Lebens so viel werde arbeiten müssen, daß dieses Netz an sozialer Sicherheit für alle Österreicher auch finanziert werden kann, daß also die jeweils Erwerbstätigen so viel an Sozialprodukt schaffen, daß es auch für Kinder, Alte, Kranke, Behinderte und Arbeitslose reicht.
In meiner Arbeit wünsche ich mir aber auch mehr Zeitsouveränität, sowohl was die Verteilung von Arbeit und Freizeit innerhalb

eines Jahres betrifft, als auch die Verteilung innerhalb meines Lebens. Auch möchte ich mir aussuchen können, ob ich etwas früher mit niedrigerer oder etwas später mit höherer Pension in den Ruhestand überwechsle oder ein paar Jahre vor der endgültigen Pensionierung nur noch teilzeitbeschäftigt sein möchte.

Materiell wünsche ich mir einen Wohlstand, der mir und meiner Familie ein angenehmes Leben ermöglicht, aber keinen so großen Besitz an materiellen Gütern, daß er mir schon mehr Plage als Nutzen brächte. Ich möchte selbst bestimmen können, ob ich mehr arbeiten und erwerben oder mich mit weniger Arbeit und bescheidenerem Besitz zufriedengeben möchte.

Was immaterielle Werte betrifft, möchte ich Anerkennung, Zuneigung, Geborgenheit und Lebensfreude finden; mir ist klar, daß ich diese umso mehr finden werde, je mehr ich selbst anderen Menschen Anerkennung und Zuneigung entgegenbringe und Geborgenheit und Lebensfreude gewähre – meiner Familie, meinen Freunden, aber auch Menschen, die ich gar nicht kenne – etwa indem ich für karitative Zwecke spende.

Diese Wunschliste deckt sich mit Umfrageergebnissen; sie sollte Zielvorgabe für die Politik sein.

Eine Vision für das Österreich von morgen, die weder schwärmerisch noch pathetisch ist, wie es Visionen früherer Epochen oft waren – eine realistische Vision, das heißt, eine Vision, die verwirklicht werden könnte, wenn wir nur wollen.

1 Längerfristig denken

Zukunft ist nicht Schicksal, sondern Herausforderung. Anstatt die »Megatrends«, die langfristigen Entwicklungen, über uns ergehen zu lassen, sollten wir zuerst nach den Zielen fragen, die wir erreichen wollen, um dann die erforderlichen Steuerungsmaßnahmen ergreifen zu können. Dem Beispiel anderer Länder folgend, wie etwa der Niederlande oder Schwedens, sollte daher auch in Österreich eine systematische Langfristplanung institutionalisiert werden.

Was ist Zukunft?
In seinem Buch »Teaching the Future« hat Draper Kauffman vier Sichtweisen der Zukunft einander gegenübergestellt:
Die eine sieht »Zukunft« wie eine nächtliche Fahrt auf einer unbeleuchteten Hochschaubahn – der weitere Weg ist unerbittlich vorgezeichnet, doch kennen wir ihn nicht; wir haben keine Möglichkeit, ihn zu erkunden, und schon gar keine Möglichkeit, ihn zu beeinflussen.
Die zweite betrachtet »Zukunft« als ein immer wiederkehrendes Würfelspiel, dessen Ausgang vom einen zum anderen Mal ungewiß ist – wir sind Spreu im Wind der Geschichte.
Die dritte sieht uns auf unserem Weg in die Zukunft in einem mit allen technischen Erfordernissen ausgestatteten Schiff auf offener, freier See – wir sind Herren unseres Schicksals und können steuern, wohin wir wollen.
Die vierte sieht uns in einem kleinen Boot auf einem reißenden Fluß voll von Strudeln und Untiefen, die es zu vermeiden gilt. Im wesentlichen bestimmt der Fluß unseren Kurs, doch haben wir die Möglichkeit, den Strudeln und Untiefen auszuweichen. Ausreichende Vorsicht, ausreichendes Geschick und ausreichenden Willen vorausgesetzt, kann uns dies gelingen. Manchmal teilt sich der Fluß sogar in mehrere Arme, von denen wir dann mit geringer Mühe den einen oder anderen ansteuern können, wodurch sich die weitere Fahrt grundsätzlich ändert.
Einstellung eins und zwei – Hochschaubahn und Würfelspiel – haben gemeinsam, daß sie Zukunft als unbeeinflußbares Schicksal ansehen; Einstellung drei und vier – Ozeanriese und Kahn –

haben gemeinsam, daß sie Zukunft nicht als Schicksal, sondern als Aufgabe betrachten, die mehr oder weniger machbar ist.
Hochschaubahn und Würfelspiel haben vieles für sich: Das Sterben der Wälder, die Vergiftung der Ozeane schreiten unaufhaltsam fort (Hochschaubahn); wer im Rüstungswettlauf wann den falschen Knopf drücken wird, ist nicht vorhersehbar (Würfelspiel). Beschränken wir uns aber auf diese beiden Sichtweisen, so stellen wir uns auf eine Stufe mit Dinosaurier und Mammut – wir erwarten untätig unseren Jüngsten Tag, oder genauer: Gerade durch die Untätigkeit sind wir mit Fleiß daran, ihn fahrlässig vorzuverlegen. Was den Menschen aber von allen anderen Spezies unterscheidet, ist, daß er über größere Zusammenhänge nachzudenken vermag. Dinosaurier und Mammut hatten keine andere Wahl, als unwissend in ihr Verderben zu gehen. Wir haben jedoch, wie Bruno Fritsch ausführt (»Wir werden überleben«), die Chance zur Meta-Evolution: »Mit der Entwicklung von Erkenntnis und Bewußtsein, die eine unmittelbare Folge der Evolution des Gehirns, insbesondere des Neocortex, ist, entsteht eine grundsätzlich neue evolutionsgeschichtliche Situation: die erkenntnisbedingte Rückkoppelung sowohl auf die sozialen Strukturen als auch auf die Umwelt des Menschen durch den Menschen.«
Werden wir, können wir diese Chance wahrnehmen?
Zunächst einmal ließe sich ganz nüchtern feststellen: Wäre Zukunft tatsächlich ausschließlich (vorherbestimmtes) Schicksal, so bräuchten wir überhaupt keine »Politik« – keine Wirtschaftspolitik, keine Sozialpolitik, keine Umweltpolitik. Kein Unternehmen müßte planen; auch der einzelne hätte in seinem Leben keinerlei Entscheidungen zu treffen.
Der Spieß läßt sich auch umdrehen: Politik könnte demnach definiert werden als Beeinflussung der Zukunft, als zielbewußte Steuerung unseres Weges in die Zukunft, als bewußte Auswahl zwischen verschiedenen Wegen in die Zukunft.
Dies heißt nun nicht, daß Zukunft nach Belieben »machbar« wäre. Selbst der im einführenden Bild genannte Ozeanriese kann seinen Kurs nicht nach Belieben ändern; bei jedem Kurswechsel bedarf es einiger Seemeilen, bis er vom alten Kurs auf den neuen eingeschwenkt ist. Den tatsächlichen Verhältnissen dürfte aber eher das

Bild vom kleinen Boot gerecht werden: Die Strömungen selbst können wir nicht beeinflussen, wohl aber unseren Kurs innerhalb dieser Strömungen.

Für diese Strömungen hat sich in den letzten Jahren der Begriff »Megatrends« eingebürgert – jene großen Entwicklungen, wie sie derzeit konstatiert werden können und wie sie den Rahmen für unseren Entscheidungsspielraum darstellen. So falsch es wäre, abstrakte Utopien zu entwickeln, die vor den Megatrends unserer Zeit die Augen verschließen, so falsch wäre es auf der anderen Seite, diese Megatrends als Hochschaubahn zu interpretieren, als unerbittlich uns vorgezeichneten Weg. »Megatrends für Österreich«, für ein kleines, aber souveränes Land, müssen daher einerseits von den beobachtbaren Megatrends unserer Zeit ausgehen, sie müssen aber andererseits versuchen, den Spielraum abzustecken, innerhalb dessen wir unseren Kurs setzen können, und die verschiedenen denkbaren Richtungen für unseren Kurs in die Zukunft zu diskutieren.

Definieren wir die Analyse von Megatrends als »Prognostik«, so ist Prognostik keineswegs mit »Vorhersage« zu verwechseln. Solange wir davon überzeugt sind, daß der Mensch auch nur ein Fünkchen Handlungsfreiheit hat, daß nicht jede Sekunde unseres Lebens von höheren Mächten vorherbestimmt sei, solange kann auch die Aufgabe wissenschaftlicher Prognostik in Wirtschaft und Politik *nicht* in der *Vorhersage* künftiger Ereignisse bestehen.

Es ist zweckmäßig, zwischen drei Grundtypen von Prognosen zu unterscheiden:

Die *extrapolative Prognose* liefert eine Aussage darüber, was passiert, wenn nichts passiert, oder, präziser gesagt, welche Entwicklung voraussichtlich zu erwarten ist, wenn wir die Megatrends untätig weiterlaufen lassen.

Derartige extrapolative Prognosen dominierten unser Denken noch bis vor kurzem. In der Zeit vor dem Ölschock begann jede Energieprognose mit den Worten: »Der Stromverbrauch in Österreich steigt jährlich um 7 Prozent«, gleichsam als sei dies ein vom Himmel gefallenes, ehern auch für alle Zukunft gültiges Gesetz. In der Tat: Zwischen 1963 und 1973 war der Stromverbrauch im Jahresdurchschnitt um 7 Prozent gestiegen; von 1973 bis 1980 jedoch nur um 3,5 Prozent und seit 1980 in noch geringerem Maße. Bemerkenswert ist, daß sich diese Verringerung der Zuwachsrate ergeben hatte, ohne daß größere steuernde Maßnahmen in der Energiepolitik gesetzt worden wären. Umso mehr jedoch ist die Aussage berechtigt, daß derartige Steuerungsmaßnahmen sehr wohl die Zuwachsrate des Stromverbrauchs in noch höherem Ausmaß beeinflussen könnten – etwa Maßnahmen zur besseren Wärmedämmung von Gebäuden, der Förderung der Kraft-Wärme-Kopplung, der systematischen Nutzung anderer Energiequellen für Heizzwecke usw.

Damit kommen wir zur *explorativen Prognose*. Diese untersucht die zu erwartenden Auswirkungen denkbarer, zu bestimmten Zeitpunkten erfolgender Eingriffe in die Einflußgrößenstruktur der Megatrends (z. B. Veränderungen der relativen Steuersätze verschiedener Energieträger, finanzielle Förderungsmaßnahmen u. ä. m.).

Für diese explorative Prognostik hat Heinrich Lübbe den treffenden Ausdruck »Schneisen in die Zukunft« geprägt – denkbare alternative Wege, deren detaillierte Untersuchung eine ungleich fundiertere Basis zur Entscheidungsfindung darstellt als eine bloße extrapolative Vorschau. Eine halbwegs gründliche explorative Prognose wird sich vielfach Methoden der Kybernetik bzw. der Systemanalyse bedienen, wobei es zu überraschenden Ergebnissen kommen kann, die eine bloß extrapolative Prognose niemals zu liefern vermag. Jay Forrester, der Vater der wissenschaftlichen Systemanalyse, spricht ausdrücklich vom »erwartungswidrigen Verhalten sozialer Systeme«: Wird etwa eine Hungersnot dadurch bekämpft, daß unentgeltlich Hilfslieferungen verteilt werden, so kommt die lokale Landwirtschaft gänzlich zum Erliegen und die Hungersnot wird im nächsten Jahr umso größer sein; erhalten Unternehmen Subventionen »zur Erhaltung der Arbeitsplätze«, so werden erforderliche Sanierungsmaßnahmen verzögert und die Arbeitsplätze auf längere Sicht umso gefährdeter sein.

Schließlich ist noch die *normative Prognose* zu nennen. Sie legt zuerst bestimmte zukünftige Ziele fest und versucht dann rückrechnend jene Steuerungsmaßnahmen zu ermitteln, die zur Erreichung dieser Ziele erforderlich sind.

Rein normative Prognosen sind mit Vorsicht zu genießen; sie sind oft nicht frei von Wunschdenken und Verniedlichung. Soll eine normative Prognose vorgenommen werden, ist vielmehr vorzuziehen, den aufgestellten Zielkatalog mit Methoden der explorativen Prognostik zu realisieren zu versuchen. Gelingt dies nicht, sind entweder die Ziele und/oder die Maßnahmen so lange anzupassen, bis die gewünschte Übereinstimmung erreicht ist.
Ist also die Wissenschaft imstande, unsere großen Zukunftsprobleme zu lösen?
Es gibt den umgekehrten Vorwurf: Gerade die Wissenschaft sei es, der die Schuld an der gegenwärtigen Krise zukomme. Ohne den grandiosen Aufschwung der Naturwissenschaften in den letzten Jahrhunderten gäbe es heute keine Atomkraftwerke mit ihren bekannten Problembereichen, keine Autos, die das Leben in den Ballungszentren unwirtlich machen, keine Segnungen der Medizin, die zu rapider Bevölkerungsvermehrung in der dritten Welt führen.
Es fehlt nicht an scharfsinnigen Diagnosen dieser Fehlentwicklungen der Wissenschaft. Fritjof Capra – und unzählige andere Denker mit ihm – zeigen auf, daß dieser Aufschwung der Naturwissenschaften auf den Siegeszug des Rationalismus zurückzuführen ist, daß sich dieser Rationalismus aber heute zunehmend als Reduktionismus entpuppt, als eine Sichtweise, die komplexe Sachverhalte auf einfache Wenn-dann-Beziehungen zurückführt – ähnlich wie der Mensch etwas anderes ist als sein Skelett, ist ein Problem etwas anderes als seine rationale Darstellung.
Die Problematik unserer Zeit unterscheidet sich jedoch von jener früherer Zeiten in (mindestens) dreifacher Hinsicht:
Erstens hat die Geschwindigkeit der Veränderungen stark zugenommen; Entwicklungen, die sich früher innerhalb von Jahrhunderten vollzogen, vollziehen sich heute vielfach in Jahrzehnten, ja innerhalb weniger Jahre. Zweitens ist die Menschheit heute mit Problemen konfrontiert, für die jegliche historische Erfahrung fehlt – noch nie war der Mensch imstande gewesen, den Wärmehaushalt der Erde entscheidend zu beeinflussen, das Leben in den Ozeanen ernstlich zu gefährden oder durch einen weltweiten Atomkrieg unsere Zivilisation als Ganzes auszulöschen.

Drittens aber sind alle diese Probleme so sehr untereinander verflochten, daß eine getrennte Behandlung mit den Mitteln der klassischen, rationalistischen, in Einzeldisziplinen aufgespaltenen Wissenschaft die Gesamtproblematik eher erhöhen als verringern dürfte.
So viele hervorragende Analysen unserer Gegenwartsproblematik auch vorliegen, hinsichtlich der denkbaren Therapien sind die Vorschläge schon weit spärlicher gesät. Zunächst ist es notwendig, sich vor einseitiger Verteufelung zu hüten; es gilt vielmehr zu erkennen, daß jede Medaille eben ihre zwei Seiten hat. Schon als das Eisen erfunden wurde, konnte man daraus sowohl Pflugscharen schmieden als auch Schwerter. Solange nur die Vorderseite der Medaille glänzt, wird die Kehrseite gerne übersehen; diese ist aber untrennbar mit der Vorderseite verbunden und macht sich daher früher oder später unweigerlich bemerkbar. Will man die Kehrseite vermeiden, sind im Prinzip drei Strategien denkbar: Die simpelste ist jene, die von der vordergründigen Technikablehnung propagiert wird und die man als ein »Zurück auf die Bäume« charakterisieren könnte – damit die Kehrseite der Medaille nicht ins Spiel kommt, verzichten wir lieber gleich auch auf die Vorderseite. So verlockend (und so ethisch anerkennenswert) diese Strategie auch scheinen mag: sie hat noch nie funktioniert.
Eine zweite Strategie besteht darin, eine bereits eingetretene Entwicklung zwar nicht rückgängig machen zu wollen, aber doch den Versuch zu unternehmen, sie anzuhalten.
Hierher gehören die verzweifelten Versuche Enrico Fermis 1938 – am Vorabend einer weltweiten kriegerischen Auseinandersetzung –, die eben von mehreren Wissenschaftern in verschiedenen Ländern entdeckte Kernspaltung geheimzuhalten. Auch dies mußte mißlingen.
Die dritte Strategie vertritt Jonathan Schell in seinem Bestseller »Das Schicksal der Erde« in bezug auf das Wettrüsten: die Überlegungen hinsichtlich der Umweltkrise sind jedoch analog. Er sagt: Wenn wir alle Mächte dieser Erde dazu brächten abzurüsten, so wäre damit nichts gewonnen – solange nämlich das Wissen um die Konstruktion der Vernichtungswaffen erhalten bleibt, kann die Aufrüstung jederzeit wieder beginnen. Es müßte also auch das

Wissen vernichtet werden. Aber auch dies hilft nichts: Solange unser Schulsystem erhalten bleibt, ist dieses Wissen jederzeit rekonstruierbar; also müßte auch das gesamte Schulsystem abgeschafft werden. Da dies nicht denkbar ist, ist der gesamte Gedankengang, der mit der Abrüstung begann, nicht zielführend. Die einzige Möglichkeit besteht somit – nach Schell – darin, eine derartige Entwicklung nach vorne zu betreiben, die eine tatsächliche Austragung des Konfliktes zunehmend erschwert. Angewandt auf die Umweltkrise: Durch ein Zurückdrehen des Rades der Entwicklung, durch einen Verzicht auf heutige wissenschaftliche Erkenntnisse und ihre Anwendung, wäre nichts zu gewinnen.

Bevor wir jedoch »die Wissenschaft« schuldig sprechen, müssen wir allerdings noch einen Schritt weiter gehen und fragen, was denn »Wissenschaft« überhaupt sei. Würde man eine Umfrage veranstalten, welches Bild mit dem Begriff »Wissenschafter« verbunden wird, so würden neun von zehn Befragten eine gepflegte Gestalt im weißen Arbeitsmantel nennen, die sich mit wissendem Lächeln über ein Mikroskop beugt.

Dieses Bild sollte uns zu denken geben. Zunächst einmal betont es das Übergewicht der Naturwissenschaften; daß es daneben noch Geisteswissenschaften oder gar Sozialwissenschaften gibt, dürfte weiten Kreisen gar nicht bewußt sein.

Zweitens impliziert dieses Bild »Wissenschaft« als etwas Sauberes, Geordnetes, eine heile Welt, in der es jeweils »das« Problem gibt, zu dem der Wissenschafter »die« Lösung findet.

Drittens ist der Wissenschafter selbstverständlich Spezialist; er braucht von nichts anderem etwas zu verstehen als davon, was er unter dem Mikroskop hat – davon aber weiß er alles.

Viertens aber ist Wissenschaft demzufolge etwas Beschauliches, dem Getümmel und all der Unbill dieser Welt Entrücktes; demnach ist auch der Wissenschafter kein Mensch wie du und ich, sondern ein nahezu engelgleiches, von irdischen Bedürfnissen und Gelüsten abgehobenes Wesen.

Ist es also wirklich »die Wissenschaft« – irgendeine quasi außerhalb des üblichen menschlichen Geschehens wirkende Institution –, die uns die Gegenwartskrise beschert, oder müssen wir die Ursachen dieser Krise nicht doch tiefer suchen, und zwar beim Men-

schen selbst? Denn auch der Wissenschafter ist nur Mensch, die Wissenschaft ist nur Menschenwerk, und wenn wir das Verhalten der Wissenschaft untersuchen wollen, müssen wir den Menschen selbst unserer Untersuchung zugrunde legen.
Angesichts der sich weltweit eher verschärfenden Krisen jeglicher Art ist man zunächst geneigt, irgendeiner Verschwörungstheorie Glauben zu schenken – offenbar gibt es eine weltweite Mafia der Rüstungsindustrie, der Umweltfeinde, die nichts anderes im Schilde führt, als zugunsten ihrer eigenen Profite uns alle ins Verderben zu locken.
Gewiß, die Tätigkeit prägt vielfach das eigene Denken. Dennoch lassen sich viele unserer Megatrends weit nüchterner erklären. Einen wichtigen Schlüssel zum Verständnis liefern die Sozialwissenschaften mit der Theorie der »sozialen Fallen«.
Darunter werden alle Situationen verstanden, in denen (scheinbar) rationales Handeln des einzelnen zum Schaden für die Gesamtheit, einschließlich des einzelnen, führt. Für jeden Büffeljäger war es rational, möglichst viele Büffel zu erlegen, was zur Ausrottung der Büffel und damit zum Entzug seiner eigenen Lebensgrundlagen führte; auch heute noch ist es für die Fischfangflotte jedes Landes rational, maximalen Jahresertrag anzustreben. Genauso rational ist es für jeden Öltanker, den in den Tankräumen verbliebenen Ölschlick auf offenem Meer abzulassen, anstatt ihn im Hafen teuer in (nicht vorhandene) Deponien abzupumpen.
Die Sozialwissenschaften vermögen aber nicht nur einen Beitrag zur Problemanalyse, sondern auch zur Problemlösung zu leisten: Die Geschichte der Menschheit ist nämlich voll von gelösten und von ungelösten sozialen Fallen. So ist die Jagd in Italien durch schrankenlose Freigabe zum Erliegen gekommen, in Österreich aber haben rigorose Maßnahmen, die bereits Mitte des vergangenen Jahrhunderts ergriffen wurden, zur Erhaltung des Wildbestandes geführt. Während Systeme von Verboten nur in wenigen, wohl definierbaren Fällen Erfolg versprechen, erweisen sich all jene Lösungsansätze als ungleich wirksamer, bei denen durch einen Eingriff in den Marktmechanismus das umweltgerechte Verfahren belohnt wird.
Die Geisteswissenschaften vermögen auch die ethischen Normen

zu liefern, die derartigen Lösungsansätzen zugrunde liegen. Vor allem aber sind es die Naturwissenschaften, die Lösungsbeiträge liefern können. Um beim Beispiel der Tanker zu bleiben: Politologie und Jurisprudenz könnten die geistigen Grundlagen für einen Fonds schaffen, aus dem für in Häfen abgepumpten Ölschlick ein Betrag bezahlt wird, der die erhöhten Hafengebühren gerade übersteigt; die Naturwissenschaften, insbesondere die Chemie, würden sicherlich Verfahren erfinden, den Ölschlick zu verwerten, so daß letzten Endes der Fonds vielleicht sogar einen Gewinn abwürfe.
Was den Beitrag der Naturwissenschaften betrifft, darf man es sich allerdings nicht allzu einfach machen. Der Satz, nur die Technik könne uns vor den Folgen der Technik schützen, ist mit großer Vorsicht zu genießen, wird er doch oft als Freibrief für beliebige technische Neuerungen ausgelegt. Dennoch können wirksame Entsorgungsanlagen für kalorische Kraftwerke doch nur wieder von der Technik erwartet werden. In vielen Fällen wird sich allerdings ein einfacher Ursache-Wirkung-Zusammenhang als nicht ausreichend erweisen; es wird vielmehr in ungleich höherem Ausmaß als bisher notwendig sein, ganze Systeme von Wechselbeziehungen zu analysieren. In großem Stil müßten einseitige chemische Eingriffe durch biologische Methoden ersetzt werden können. Damit sei keineswegs die chemische Industrie verteufelt: Im Gegenteil, gerade ihre Aufgabe könnte es sein, neue biologische Methoden zu entwickeln und anzuwenden.
Zusammenfassend: Es mag durchaus seine Richtigkeit haben, daß uns der Aufschwung der Wissenschaften viele Probleme beschert hat, es wäre jedoch undenkbar, ohne Hilfe der Wissenschaften zu brauchbaren Problemlösungen zu kommen. Allerdings wird es erforderlich sein, den Begriff der »Wissenschaften« in Hinkunft weitgreifender zu interpretieren als in der Vergangenheit.

Solange Einzelprobleme so klein waren, daß sie einander nicht tangierten, genügte zu ihrer Lösung Spezialistentum. Allein durch das wachsende Ausmaß (vom Karrenweg zur Stadtautobahn, vom Hospital zum Allgemeinen Krankenhaus, vom Bach, der das Mühlrad treibt, zum Atomkraftwerk Zwentendorf) aber sind die Pro-

bleme heute so miteinander verflochten, daß, wie schon gesagt, Lösungen durch Spezialistentum nicht optimal sein können.
Auch innerhalb der Wissenschaften erfordert die entstandene Gesamtproblematik den Generalisten – eine Erkenntnis, der unser Ausbildungs- und Forschungssystem jedoch noch in keiner Weise Rechnung trägt:
Von wenigen Ausnahmen abgesehen, wird interdisziplinäre Ausrichtung als Eingeständnis von Minderwertigkeit abqualifiziert.
Allerdings nimmt die Zahl derer, die für eine Revision unseres bisherigen Denkens eintreten, sprunghaft zu. So hat der Vater der modernen Politikwissenschaft, der Altösterreicher Karl Deutsch, in einem Vortrag in Berlin erklärt: Was unsere Zeit braucht, sind »Zusammenhangswissenschaften« und »Zusammenhangswissenschafter«.
Welche der klassischen Disziplinen ist zuständig, umfassende Entscheidungsunterlagen über den Bau des Dorfertalkraftwerkes bereitzustellen; Aussagen über den Zusammenhang von wirtschaftlicher Entwicklung und Waldsterben zu treffen; Lösungswege im Dilemma zwischen steigenden Ausgaben und Aufgaben der öffentlichen Hand, steigenden Budgetdefiziten und immer geringer werdender Bereitschaft zur Steuerleistung aufzuzeigen?
Eine für die neunziger Jahre zu konzipierende Forschungspolitik kann nicht an der Notwendigkeit einer bewußten, systematischen Berücksichtigung dieser die traditionellen Institutionen und Denkweisen transzendierenden Aufgabenstellungen vorbeigehen.
Die Weichenstellungen sind frühestmöglich vorzunehmen. Ein von Gaston Berger stammender Vergleich macht deutlich, wie sehr allein die erhöhte Geschwindigkeit der Veränderungen ein verbessertes Instrumentarium erfordert: Ein nächtlicher Fußgänger kommt durchaus mit dem Schein einer Laterne aus, ein auf der Autobahn fahrendes Auto benötigt jedoch starke Scheinwerfer; auch eine Richtungsänderung ist dem Auto nur mit viel größerer Verzögerung möglich als dem Fußgänger.
Für das Bestreben, systematisch über die Zukunft nachzudenken, hatte Ossip Flechtheim 1943 den Ausdruck »Futurologie« geprägt – eine Bezeichnung, die bald in Mißkredit geriet und durch »Zu-

kunftsforschung« ersetzt wurde. Nun, da sich auch »Zukunftsforschung« abgenützt hat, wird von »Langfristprognostik« gesprochen.

Das Anliegen aber blieb immer das gleiche, nämlich die Zusammenhänge zwischen in der Vergangenheit angelaufenen Entwicklungen, in der Gegenwart oder nahen Zukunft zu treffenden Maßnahmen und deren zukünftigen Auswirkungen in möglichst umfassender Weise darzustellen.

Als ein Teilbereich der Zukunftsforschung hat sich vor knapp mehr als einem Jahrzehnt das »Technology Assessment« (T.A.) etabliert, für das sich im Deutschen noch keine bessere Übersetzung als der Zungenbrecher »Technologiefolgenabschätzung« gefunden hat. Anliegen des »Technology Assessment« ist eine systematische Analyse erwünschter und unerwünschter, positiver und negativer Sekundär- und Tertiäreffekte technischer Entwicklungen.

Dieses Anliegen sollte sich genausogut auch auf soziale Neuerungen erstrecken. Siegfried Marcus und Henry Ford ist kein Vorwurf zu machen, wenn sie nicht voraussehen konnten, daß ihr Wunderwerk (oder die Tatsache, daß das Wunderwerk zum Massengut wurde) zur Zersiedelung der Landschaft, zur Trennung der Lebenszonen und zur Auflösung des Familienlebens führen würde. Wir aber wissen um die Probleme und dürfen uns nicht mehr als reine Toren gebärden.

In diesem Zusammenhang wird gerne das Poppersche Paradoxon zitiert: Da wir heute nicht wissen können, was wir morgen wissen werden, können wir also auch die Probleme von morgen nicht beurteilen. Diese Formulierung würde einer Haltung à la Pontius Pilatus Vorschub leisten. So aber hat es Karl Popper nie gesagt. Ihm ging es nur um die Widerlegung des Historizismus. Popper sagte vielmehr wörtlich: »Meine Widerlegung des Historizismus schließt natürlich nicht die Möglichkeit jeder Art von Sozialprognose aus. Ganz im Gegenteil, die Möglichkeit der Prüfung von Sozialtheorien – etwa von Wirtschaftstheorien – mit Hilfe der Voraussage, daß bestimmte Entwicklungen unter bestimmten Bedingungen eintreten werden, bleibt durchaus offen.«

Sicherlich mag unser heutiger Wissensstand auf vielen Gebieten noch ungenügend sein (und wird zumindest in Teilbereichen stets

hinter den anstehenden Fragen einherhinken). Doch absolut gesehen ist unser heutiges Wissen um Größenordnungen dem früherer Generationen überlegen.
Dies gilt nicht nur in substanzwissenschaftlicher Hinsicht.
Kybernetik, Systemtheorie und andere Methoden der Langfristprognostik haben inzwischen ein Instrumentarium bereitgestellt, um komplexe, interdisziplinäre Sachverhalte in transparenter, einer wissenschaftlichen Diskussion zugänglicher Form darzustellen. Aber reicht dieses Instrumentarium zur Beantwortung von Zukunftsfragen aus?
1960, in den Frühzeiten des Computers, hatte ich Gelegenheit, ein IBM-Laboratorium im Staate New York zu besuchen. Dort arbeitete man an einem neuen Computer mit dem Acronym »STRETCH«, bei welchem man in jeder Hinsicht – Speicherdichte, Verarbeitungsgeschwindigkeit usw. – die Grenzen des bisher Erreichten übersteigen wollte. Uns wurde gesagt: »Bei dieser Entwicklung unterscheiden wir zwei Arten von Unbekannten: die bekannten Unbekannten und die unbekannten Unbekannten. Als bekannte Unbekannte bezeichnen wir jene ungelösten Probleme, die wir schon kennen; als unbekannte Unbekannte jene, die wir noch gar nicht kennen, auf die wir aber sicherlich stoßen werden.«
Übertragen wir dieses Erlebnis auf die heute der Prognostik gestellte Aufgabe, so wäre es sicher vermessen zu behaupten, diese könne sowohl die bekannten als auch die unbekannten Unbekannten lösen; es wäre aber schon sehr viel geholfen, wenn wir zumindest hinsichtlich der bekannten Unbekannten ein paar Schritte weiterkämen.
Noch ein Vorwurf wird oft erhoben, nämlich der, daß sich zu jedem Problem eine wissenschaftliche Meinung und eine hiezu entgegengesetzte wissenschaftliche Gegenmeinung einholen ließe; also müsse Wissenschaft offenbar käuflich sein.
Dieser Vorwurf geht ins Leere: Wenn ein Jäger und ein Förster gemeinsam einen Wald durchschreiten, werden die Berichte der beiden über das Gesehene sehr unterschiedlich lauten. Ebenso wird ein Dozent der Physik überzeugend für, ein anderer ebenso überzeugend gegen die großtechnische Nutzung der Kernener-

gie argumentieren, je nachdem, von welchem mentalen Referenzmodell er ausgeht.
Gerade in einer T.A.-Studie kann jedoch aus dieser Not eine Tugend gemacht werden: Eines der Hauptziele der Technologiefolgenabschätzung ist es ja, einander widersprechende Expertengutachten auf einer Ebene zu vereinen.
Ein Beispiel ist die Studie »Solar Versus Nuclear« des Schwedischen Sekretariats für Zukunftsstudien. Auf knapp 200 Seiten werden zwei alternative Energieszenarien für Schweden, auf das Jahr 2015 bezogen, in all ihren betriebswirtschaftlichen, volkswirtschaftlichen, außenhandelspolitischen, außenpolitischen und sozialen Aspekten einander gegenübergestellt: ein Szenarium unter weiterem Ausbau der Kernenergie, ein zweites unter vollständigem Verzicht auf Kernenergie und maximaler Nutzung »sanfter« Energien.
Überraschenderweise ergab sich, daß die gigantischen Kosten beider Optionen etwa gleich hoch sind; umgekehrt aber wird den »Grünen« ins Stammbuch geschrieben, daß es keineswegs so ist, daß die Bevölkerung bei der nuklearen Option einer böswilligen Power-Elite hilflos ausgeliefert sei, sich bei der sanften Option jedoch paradiesischer Freiheit erfreuen könne. Die sanfte Option erfordert vielmehr das Funktionieren eines Netzwerkes von Netzwerken auf lokaler, regionaler und nationaler Ebene, bedeutet also eigentlich viel mehr Abhängigkeit, als beim »harten« Weg gegeben wäre. Die Auswahl ist also nicht eine zwischen Abhängigkeit und Freiheit, sondern zwischen Abhängigkeit Typus A gegenüber Abhängigkeit Typus B.
Die wenigen ausländischen Beispiele einer gelungenen Verankerung von »Technology Assessment« sind für Österreich teils direkt, teils indirekt lehrreich. Als kaum unmittelbar übertragbar dürfte sich das bekannteste Beispiel erweisen: das »Office of Technology Assessment« (O.T.A.) in den USA. 1972 gegründet, ist es ein Büro mit 500 festen Mitarbeitern und einer großen Zahl weiterer Experten, die für bestimmte Vorhaben unter Kontrakt genommen werden. Das Büro ist direkt dem Kongreß unterstellt, wobei im höchsten Aufsichtsgremium Regierungs- und Oppositionspartei mit gleicher Kopfzahl vertreten sind, unabhängig von den parlamen-

tarischen Stärkeverhältnissen. Die Zahl von Gesetzen, auf die das O.T.A. teils unmittelbar, teils mittelbar Einfluß genommen hat, ist beeindruckend.

Interessanter für Österreich sind die Wege, die die Schweiz, Schweden und die Niederlande beschritten haben.

Der Schweizer Bundesrat hat im Herbst 1983 beschlossen, den (Schweizer) Wissenschaftsrat mit der Durchführung des Projektes »Forschungspolitische Früherkennung« zu beauftragen. Gestützt auf die erzielten Resultate und die erworbenen Erfahrungen hat der Bundesrat im März 1987 beschlossen, das Projekt bis Ende 1991 weiterzuführen.

Das (bereits genannte) Schwedische Sekretariat für Zukunftsstudien wurde 1973 mit dem Ziel gegründet, Zukunftsstudien in Angriff zu nehmen und durch Aufzeigen möglicher Alternativen eine breitere und zuverlässigere Basis für die politische Entscheidungsfindung zu bieten sowie das öffentliche Interesse an Langfristproblemen zu stärken. Dem Sekretariat steht ein achtköpfiges Exekutivkomitee vor, das aus Angehörigen aller im Parlament vertretenen Parteien zusammengesetzt ist. Ursprünglich war es dem Premierminister zugeordnet, seit 1980 dem Ministerium für Erziehung und Kultur.

Der Niederländische Wissenschaftsrat ist eine unabhängige Institution, die lose dem Büro des Premierministers zugeordnet ist. Die Arbeit begann 1972; 1976 wurde sie auf eine gesetzliche Grundlage gestellt. Der Wissenschaftsrat besteht aus neun Mitgliedern, von denen der Vorsitzende voll, die anderen Mitglieder zu 40 Prozent mitarbeiten; der Stab umfaßt zwei Dutzend Wissenschafter plus das erforderliche Büropersonal.

In Österreich wurden hinsichtlich einer Institutionalisierung von »Technology Assessment« erst in jüngster Zeit deutliche Schritte gesetzt. Studien, die dem Gebiet des T.A. zuzuordnen sind, gab es natürlich schon seit längerer Zeit. Dem Beirat für Wirtschafts- und Sozialfragen kommt hiebei eine Vorreiterrolle zu; allerdings stand bei den vom Beirat in Auftrag gegebenen oder selbst durchgeführten Studien meist die wirtschaftspolitische Komponente im Vordergrund. Auch an Institutionen, die imstande sind, interdisziplinäre Langfriststudien durchzuführen, besteht in Österreich kein

Mangel – neben dem seit Jahrzehnten anerkannten Österreichischen Institut für Wirtschaftsforschung sind es u. a. das Institut für Höhere Studien, STUDIA Laxenburg, das Institut für Raumplanung und – insbesondere – seit 1972 das Institut für Sozioökonomische Entwicklungsforschung der Österreichischen Akademie der Wissenschaften. Publikationen dieser Institutionen tragen oft den Charakter von T.A.-Studien, ohne daß diese Tatsache jedoch bewußt eingeplant gewesen wäre. Es ging also darum, die zielbewußte Erarbeitung von T.A.-Studien in Österreich zu systematisieren, d. h., irgendeine explizit für die Erarbeitung von T.A.-Studien zuständige Stelle zu schaffen. Eine solche Zentralstelle könnte mit einem wesentlich geringeren Budget auskommen als das schwedische oder niederländische Sekretariat, wenn ihre Funktion anders definiert wird. Anstatt umfassende Studien selbst ausarbeiten zu wollen, könnte ihre Funktion vornehmlich eine koordinierende sein, d. h., folgende Ebenen umfassen: a) Definition der Themenstellung für durchzuführende T.A.-Studien; b) Auftragserteilung an eine Institution oder Arbeitsgruppe; c) Sicherstellung der Finanzierung; d) Publikation und Propagierung der Ergebnisse.

Zu jedem anstehenden Thema könnte, wenn es den Aufgabenbereich einer einzelnen Institution überschreitet, jeweils eine adhoc-Projektgruppe eingesetzt werden, die aus anerkannten Fachleuten der jeweils einschlägigen Institutionen zusammengesetzt ist und die nach Durchführung der betreffenden Studie wieder aufgelöst wird. »Technology Assessment« hat ja (mindestens) zwei Zielrichtungen: Einerseits geht es um ganz spezielle Themen, wie etwa Biospriterzeugung in Österreich, das Dorfertalkraftwerk, Telekommunikation, andererseits aber um viel umfassendere Fragen: Was sollten die Schwerpunkte unserer wirtschaftlichen Strukturveränderungen sein, und wie könnten diese in die Wege geleitet werden? Welche alternativen Modelle der Verteilung von Arbeit, Lernen und Freizeit im menschlichen Leben bieten sich an? Die Aufgaben dieser Zentralstelle wären also eher wissenschaftspolitischer als wissenschaftlicher Art.

Auf den ersten Blick hin scheint die Schaffung einer Zentralstelle für Langfriststudien von technokratischem Geist beseelt zu sein und basisdemokratischer Gesinnung diametral zuwider zu laufen. Das Gegenteil ist der Fall: Angenommen, im Falle Zwentendorf oder Hainburg wäre eine Studie vorgelegen, die in ausgewogener Weise alle Argumente pro und contra einander gegenübergestellt hätte. Eine solche Studie hätte eine ungleich brauchbarere Grundlage auch für basisdemokratische Diskussionen abgegeben als die damals kursierenden einseitigen Darstellungen.

Die Zentralstelle könnte aber auch direkt als Instrument zur Verbreiterung der demokratischen Entscheidungsfindung dienen. So verwendet das schwedische Institut alljährlich einen bestimmten Prozentsatz des Gesamtbudgets zu unmittelbaren Unterstützungen unabhängiger Gruppen oder Organisationen, die zukunftsorientierte Projekte bearbeiten wollen, etwa für konkrete Umweltvorhaben oder für lokale Gewerkschaften, die alternative Produktionsmethoden erproben wollen.

In Österreich war vor einigen Jahren ein erster Anlauf genommen worden, beim Wissenschaftsministerium ein Nationalkomitee für Technikbewertung zu schaffen. Es kam aber nur zur Gründung eines Beirates, der ohne Bedeutung blieb. 1987 wurde an der Österreichischen Akademie der Wissenschaften eine Forschungsstelle für Technologiebewertung gegründet, und 1988 kam es zu einem Wiederaufleben des Beirates in wesentlich höherrangiger Zusammensetzung. Ob dieser Beirat und die Forschungsstelle gemeinsam imstande sein werden, jene Funktionen wahrzunehmen, die das schwedische oder holländische Sekretariat erfüllen, bleibt noch abzuwarten.

Noch ein allfälliges Mißverständnis bleibt zu klären, nämlich die oftmals geäußerte Befürchtung, eine derartige Zentralstelle wolle sich in die traditionelle Rolle des Politikers drängen. Tatsächlich darf und soll eine T.A.-Stelle niemals dazu dienen, die Politik zu ersetzen, sondern ausschließlich dazu, einen Beitrag zu einer fundierteren und ausgewogeneren Entscheidungsvorbereitung zu leisten; in einer repräsentativen Demokratie muß die letzte Entscheidung in Händen der Politik bleiben.

Hiefür gibt es ein hübsches Beispiel: Der Roskill-Report (benannt nach Lord Roskill, dem Vorsitzenden dieser Royal Commission) gab, nach gründlicher Ausleuchtung aller Aspekte, eine Empfehlung hinsichtlich eines dritten Flughafens für London ab. Entgegen dieser Empfehlung entschieden sich die zuständigen Behörden für einen weiteren Ausbau von Heathrow. Der entscheidende Unterschied liegt darin, daß diese politische Entscheidung ungleich gründlicher überlegt sein mußte, als wenn der Roskill-Report nicht vorgelegen wäre.

Die Art, wie in Österreich Entscheidungen über Zwentendorf oder Hainburg zustande kamen, ist einer reifen Demokratie unwürdig und kann nur tiefes Unbehagen hinterlassen – ganz unabhängig davon, wie man zum Ausgang der Entscheidung steht. Eine Fortsetzung dieses Weges muß zwangsläufig dazu führen, daß sich immer mehr grundlegende Entscheidungen aus Hinterzimmern und Lobbies nicht nur in die Redaktionsstuben, sondern direkt auf die Straße verlagern – und wie leicht ein »gesundes Volksempfinden« lenkbar ist, wissen wir aus unserer eigenen Geschichte.

Und wie wäre es, wenn Österreich ein internationales Vorbild setzte? Langfristfragen überschreiten die Grenzen jedes traditionellen Ressorts, sie sind aber von eminenter gesamtpolitischer Wichtigkeit. Wie wäre es, wenn die Gesamtverantwortung für Langfristprobleme bei einem Kanzleramtsminister konzentriert würde, der direkt dem Bundeskanzler untersteht?

Eine Institutionalisierung des Langfristdenkens in Österreich ist sicherlich kein Allheilmittel. Sie kann aber einen wesentlichen Beitrag zu einer geordneteren Konsensbildung auf unserem Weg in die Zukunft leisten. Denn jener Megatrend, auf welche Weise wir uns den Megatrends unserer Zeit stellen, kann sehr wohl beeinflußt werden.

2 Wozu treiben wir Wirtschaft?

Es geht nicht darum, das Sozialprodukt, also den mengenmäßigen Durchsatz von Gütern, zu erhöhen, sondern die menschliche Wohlfahrt. Wir denken noch zu sehr in Kategorien der Versorgung, während inzwischen die Entsorgung ungleich wichtiger geworden ist. Ohne dieses Umdenken wird auch die Landwirtschaft nicht aus dem Teufelskreis ihrer Überproduktion gelöst werden können. Österreichs Wirtschaft hat große Chancen; nicht der EG-Beitritt ist entscheidend, sondern die EG-Reife.

Angenommen, zur Zeit von Christi Geburt hätte einer unserer Vorfahren die Freundlichkeit gehabt, einen Groschen heutiger österreichischer Währung zu 4 Prozent Zinsen für uns anzulegen. Auf welchen Betrag wäre wohl dieser eine Groschen bis heute, mit Zins und Zinseszins, angewachsen?
Bevor Sie weiterlesen: Schließen Sie wirklich kurz die Augen und überlegen Sie, wie reich wir wohl heute wären.
Wir hätten Schwierigkeiten, unser Konto aufzulösen. Es hätte nämlich den Wert von einem Dutzend Goldkugeln, jede davon in der Größe des gesamten Erdballs.
Die Moral: Ständiges Wachstum gibt es nicht, kann es nicht geben. Also kann es auch kein Wirtschaftssystem geben, das auf ständigem Wachstum von Produktion und Verbrauch aufgebaut ist.
Wozu treiben wir überhaupt Wirtschaft?
Jedes Lehrbuch der Nationalökonomie gibt eine wohlformulierte, präzis-schwammige Definition; so unterschiedlich diese Definitionen im einzelnen sein mögen, keine von ihnen entspricht der wirtschaftspolitischen Realität. Nicht nur in »sozialistischen« Ländern besteht eine bemerkenswerte Diskrepanz zwischen Theorie und Praxis; auch in marktwirtschaftlichen Systemen ist die wirtschaftspolitische Praxis de facto auf Aktivitätsmaximierung, nicht aber auf Bedürfnisbefriedigung ausgerichtet.
Ein Beobachter von einem anderen Stern würde unsere wirtschaftliche Tätigkeit vermutlich wie folgt charakterisieren: Die einzelnen Länder des Planeten Terra wetteifern darin, möglichst viele (potentiell) nützliche Dinge aus der Erde auszugraben, diese in vielfältiger Weise mühsam zu transformieren und die Endpro-

dukte namens »Müll« wieder in die Erde einzugraben. Jene Länder, die dies in höherem Maße tun, sagen, sie hätten ein höheres Sozialprodukt, und sehen auf jene Länder herab, die dies nur in geringerem Ausmaß tun.
Kenneth Boulding war es, der als erster unser geheiligtes Sozialprodukt als »throughput« bezeichnete, als Durchsatz, als notwendigen Aufwand zur Sicherung eines angenehmen Lebens, das eben nur ein Mittel darstellt, aber keinen Selbstzweck. Um Mittel und Zweck zu unterscheiden, hat Jan Tinbergen dann vorgeschlagen, dem GNP (Gross National Product) das Konzept der GNU (Gross National Utility) zur Seite zu stellen; nicht den Mitteleinsatz gelte es zu erhöhen, sondern den aus dem Einsatz der Mittel erfließenden Nutzen.
Der Unterschied sei durch ein einfaches Beispiel illustriert: Betrachten wir zwei gleiche Länder mit gleicher Bevölkerung, A und B, in denen nur ein einziges Produkt hergestellt wird, z. B. Kühlschränke. Jede Familie in A und jede Familie in B besitzt jeweils einen Kühlschrank. Land B produziert – bei gleicher Technologie und gleicher Produktivität (Produktion pro Arbeitsstunde) – die doppelte Menge von Kühlschränken, die Bewohner behalten ihre Kühlschränke aber nur halb so lange (z. B. werfen sie aus modischen Gründen schon nach der halben Benützungszeit, die im Lande A üblich ist, weg). Der Preis eines Kühlschrankes ist in jedem Land gleich hoch, demnach verdienen die Bewohner des Landes B doppelt so viele Geldeinheiten wie die des Landes A; sie arbeiten aber auch doppelt so lang und geben doppelt soviel Geld für Kühlschränke aus.

Nun sind drei Betrachtungsweisen möglich.
1. Die traditionelle Sozialproduktsbetrachtung sagt: Land B erzeugt die doppelte Menge Kühlschränke, auch das Volkseinkommen in B ist doppelt so groß; in der üblichen Interpretation: Land B ist doppelt so reich.
2. Ein zufälliger Besucher der beiden Länder findet, daß der Besitzstand an Kühlschränken in beiden Ländern der gleiche ist; seiner Interpretation nach sind demnach die beiden Länder »gleich reich«.

3. Von der Warte des potentiell vorhandenen Volksvermögens her gesehen, könnte schließlich argumentiert werden: Land B beutet seine Bodenschätze doppelt so rasch aus und hat die doppelte Menge an Müll- und Schadstoffanfall zu bewältigen wie Land A; langfristig gesehen, wäre daher eher Land A als das (potentiell) reichere anzusehen. Da die Bewohner von A – bei gleicher Ausstattung mit Gütern – nur die halbe Arbeitszeit aufzuwenden haben, ihnen daher wesentlich mehr Freizeit zur Verfügung steht als den Bewohnern von B, wären sie aber auch schon in der Gegenwart als die Glücklicheren anzusehen. Von diesem Standpunkt aus zeigt eine Verwendung des Sozialprodukts als Wohlstandsindikator sogar in die verkehrte Richtung!

Daß wir alle nur darauf aus wären, unser Sozialprodukt zu vergrößern, erscheint mehr als fraglich. Angenommen, wir würden aufgerufen darüber abzustimmen, ob die wöchentliche Pflichtarbeitszeit um 10 Prozent hinaufgesetzt werden solle, um dadurch das Sozialprodukt (und damit auch das Einkommen jedes einzelnen) um 10 Prozent erhöhen zu können. Der Vorschlag fände eine vernichtende Ablehnung. Offenbar leben wir also nicht nur, um zu arbeiten.

Ja, antworten an dieser Stelle Nationalökonomen, das mag ja in globaler Sicht stimmen, aber in individueller Sicht stellt es sich doch anders dar. »To do as the Joneses do« mag in unseren Ländern nicht so verbreitet sein, dafür gibt es bei uns aber »positionale« Güter, hinsichtlich derer man seine Mitbürger übertreffen möchte. Briefmarkensammler streben nach Einkommensmaximierung, um mehr seltene Marken erwerben zu können als andere Mitglieder ihres Clubs; ähnlich bei Druckgraphik, antikem Schmuck, neuen Schiausrüstungen – hier gibt es kein »soziales Maximum«, und damit muß jede Zielsetzung einer Selbstbeschränkung danebengehen.

Diese Argumentation übersieht, daß positionale Güter sozial determiniert sind. Daß für seltene gebrauchte Briefmarken Unsummen gezahlt werden, für ebenso seltene gebrauchte Bierdeckel aber nicht, ist bloße Konvention. Außerdem: Es gibt genügend Bereiche, in denen positionale Erfolgserlebnisse möglich sind, ohne dadurch die Umwelt nennenswert zu belasten – vom Mar-

kensammeln über Musik und Theaterspiel bis hin zu Leichtathletik und Bergwandern. Der Helikopterschilauf ist genauso einer sozialen Achtung oder Ächtung zugänglich wie der Pelzmantel von aussterbenden Wildtieren.
Der Homo oeconomicus, ein fühlloses Maschinenwesen, das an nichts anderem interessiert ist als an Konsummaximierung, ist daher Fiktion. In seinem köstlichen Buch »The Joyless Economy« führt der Ökonom Tibor Scitovsky aus, daß sich alle Bedürfnisse des Menschen auf zwei Grundbedürfnisse reduzieren lassen – auf »comfort« (=angenehmes Leben) und »arousal« (=Anregung durch Abwechslung). Außerdem hat der Mensch auch eine Moral. Die klassische Sicht des Homo oeconomicus kann nicht erklären, wieso dem Südländer das Verkaufsgespräch wichtiger ist als das Erzielen eines hohen Preises, wieso man sich im Urlaub voll Freude in einen unbequemen Wohnwagen zwängt (das Hotel mit allen Annehmlichkeiten wäre viel kostengünstiger), wieso wir regelmäßig Geld an karitative Organisationen überweisen, ohne daß dies von irgend jemand gesehen wird.

Die Fiktion eines Homo oeconomicus, der – buchstäblich ohne Rücksicht auf Verluste – irgend etwas maximiert, ist aber noch aus einem viel entscheidenderen Grund falsch, genauer gesagt, immer falscher geworden. Während sich der Mensch bei einem niedrigen Niveau wirtschaftlicher Aktivitäten kurzsichtige Optimierung leisten konnte, stößt er beim heutigen Niveau wirtschaftlicher Aktivitäten zunehmend auf Grenzen; wenn die Heldin des Gudrunliedes ihre Wäsche im Fluß wusch, führte dies zu keiner Vergiftung unserer Gewässersysteme. Ozonloch, Reduktion der Gen-Varietät, Waldsterben sind nur Symptome des viel grundlegenderen Phänomens, daß eine unveränderte Fortsetzung uns eres gegenwärtigen Wirtschaftssystems mit Sicherheit zum ökologischen (und damit auch ökonomischen) Zusammenbruch führen muß. Aus Gründen der bloßen Selbsterhaltung ist es unbedingt erforderlich, Durchsätze zu reduzieren und, wo auch immer möglich, auf geschlossene Kreisläufe überzugehen. Die Grenzen des quantitativen Wachstums sind sowieso in einer zunehmenden Zahl von Bereichen auch nachfrageseitig schon

erreicht: Überkapazitäten bei Stahl oder Aluminium, Tausende leerstehende Zweitwohnungen sind nicht etwa Ausdruck mangelnder Massenkaufkraft, sondern mangelnder Massenkauflust: Auch wohlhabende Familien stoßen ihre Drittwohnung wieder ab, weil sie mehr Belastung als Nutzen bringt. Immer mehr Unternehmen entdecken, daß Umsatzmaximierung kein sinnvolles Firmenziel darstellt, daß vielmehr ein optimales Verhältnis von Aufwand und Ertrag eher dann zu erreichen ist, wenn das Unternehmen von einer optimalen Betriebsgröße nicht allzusehr abweicht; Tabaktrafik, Architekturbüro, Gießerei, alle haben eine solche optimale Größe (abhängig vom jeweiligen Stand der technologischen Entwicklung), bei deren Unterschreitung oder Überschreitung sich die Kostenstruktur verschlechtert.
Es ist überhaupt merkwürdig: Jedes einzelne Unternehmen ist bemüht, sein Unternehmensziel mit einem minimalen Einsatz von Produktionsfaktoren zu realisieren; nur für die Volkswirtschaft als Ganzes soll maximaler Verbrauch erstrebenswert sein? Nutzenmaximierung bei Durchsatzminimierung ist also keineswegs etwas Neues, Unzumutbares – es ist nur etwas, was die Makroökonomie von der Mikroökonomie abzuschauen braucht.

Es gibt aber auch Grenzwerte, bei deren Erreichen eine bis dahin richtige Politik überhaupt das Vorzeichen wechselt.
Einige Beispiele: Einem Hungernden, der von 1000 Kalorien leben muß, statt dessen 2000 zuzuführen, wird sicherlich sein Wohlbefinden erhöhen. Fahren wir jedoch fort, 3000, 4000, 5000 Kalorien in ihn hineinzustopfen, so wird irgendwo der Punkt erreicht, bei dessen Überschreiten Vernunft zu Unsinn wird, Wohltat zur Plage. Oder: Gedankenlos sprechen wir den Satz nach, daß Wirtschaftswachstum wichtig und richtig sei, höhere Produktion, mehr Autos, mehr Straßen.
Ist es wirklich sinnvoll, unseren überbeanspruchten Ackerböden noch höhere Ernten abzutrotzen, wo wir heute schon die Überschußproduktion mit größten Verlusten exportieren müssen? Welcher Prozentsatz der Fläche Österreichs soll von Verkehrsflächen bedeckt sein – 55 Prozent (wie in Los Angeles), 60 Prozent oder 100 Prozent?

Das Auto erfordert eine etwas subtilere Überlegung: Ein Zweitauto, ein Drittauto, Viertauto je Familie mag den Nutzen der betreffenden Familie vielleicht noch (ein bißchen) erhöhen; vergegenwärtigen wir uns jedoch, wie Österreich aussähe, wenn es auf eine Vier-Auto-je-Familie-Gesellschaft ausgerichtet wäre, so erkennen wir, daß der optimale Grenzwert schon viel früher erreicht ist.

Das Erkennen der Grenzwerte fällt dort schwer, wo der mit einem weiteren Wachstum verbundene Schaden zeitlich oder örtlich getrennt ist bzw. dieser Schaden nur mit einer bestimmten Wahrscheinlichkeit eintritt. Dies gilt etwa für die Energiepolitik: Hainburg springt ins Auge, weil es die Landschaft zerstört; bei Kohlekraftwerken haben den durch die Emissionen angerichteten Schaden andere Bereiche zu tragen, und bei Kernkraftwerken tritt ein Fall wie Tschernobyl nur in größeren Abständen auf. Dennoch gilt auch hier, daß eine Wirtschaft umso besser dran ist, mit je weniger Energiedurchsatz sie ihr Sozialprodukt herzustellen vermag. Nicht nur planmäßigere Energienutzung, etwa durch Kraft-Wärme-Kopplung, sondern vor allem auch der zielstrebige Übergang von einer rohstoff- und energieintensiven zu einer gehirnintensiven Wirtschaftsstruktur kann dazu führen, daß wir ein wertmäßig höheres Sozialprodukt mit geringerem Energiedurchsatz als heute herzustellen vermögen.

Daß es uns so schwer fällt, die Existenz dieser Grenzwerte, bei deren Erreichen ein positives Vorzeichen in ein negatives umschlägt, verstandesmäßig zu akzeptieren, hängt damit zusammen, daß die gesamte bisherige Menschheitsgeschichte von Mangel gekennzeichnet war, so daß tatsächlich jedes »Mehr« automatisch ein »Besser« war. Diese Generation ist die erste, die ein so hohes Niveau materieller Bedürfnisbefriedigung erreicht hat, daß wir auf Schritt und Tritt an Grenzwerte anstoßen und daß sich unsere Generation daher mit einer gänzlich anders gearteten Problematik auseinanderzusetzen hat als jede Generation vor uns. Hierin liegt das erforderliche Umdenken begründet, der Wertewandel, der für uns immer mehr zur Überlebensfrage wird.

Der Wandel in der traditionellen Sichtweise der Ökonomie hat aber noch andere Aspekte. Bisher galten Boden, Kapital und Arbeit als die drei Produktionsfaktoren: Wollte man etwas produzieren, so benötigte man ein Areal, Kapital (Finanzkapital und/oder Realkapital, d.h., Maschinen, Lagerhallen usw.) und Arbeitskräfte. Diese drei klassischen Produktionsfaktoren werden nunmehr zunehmend durch drei andere verdrängt: Bildung, Organisation und Innovatoren.

Daß das Bildungsniveau immer mehr an Bedeutung gewinnt, liegt auf der Hand. Es genügt längst nicht mehr, irgendein Produkt irgendwie herzustellen; »Gehirnkapital« wird immer entscheidender.

An »Organisation« als Produktionsfaktor wird weniger oft gedacht. Johann Millendorfer hat in groß angelegten Querschnittanalysen folgendes ermittelt: Fügt man eine gegebene Menge an Kapital, Arbeit und Bildung zusammen und resultiert daraus in einem westeuropäischen Land ein Produktionswert von 100, so in einem osteuropäischen Land ein Produktionswert von 50 und in einem Entwicklungsland weniger als 30. Diese Unterschiede sind nicht etwa nur auf unterschiedliche Arbeitsmoral zurückzuführen, sondern vornehmlich darauf, wie geschickt der Produktionsprozeß organisiert ist, in welchem Ausmaß Leerlauf, Bürokratismus und überflüssige Kosten vermieden werden können. In der Tat: Im Produktionsfaktor »Organisation« liegt auch hierzulande oft die Hauptursache für den Konkurs eines Unternehmens, das ganz normal zu produzieren schien.

Der dritte der neuen Produktionsfaktoren heißt nicht Innovation, sondern Innovatoren – die schönste Innovation nützt nichts, wenn sich niemand findet, der die Tatkraft und Energie aufbringt, sie umzusetzen.

Österreich ist hinsichtlich Organisation seinen westlichen Nachbarländern einigermaßen ebenbürtig, hinsichtlich Bildung vielleicht sogar überlegen, aber hinsichtlich wagemutiger Unternehmerpersönlichkeiten haben wir einiges aufzuholen.

Schon unsere Gesetzgebung wirft der Initiative des einzelnen, ob Arbeitnehmer oder Arbeitgeber, reichlich Prügel vor die Beine. Dem Arbeitnehmer wird genau vorgeschrieben, wie viele Wochenstunden er arbeiten, wie viele Überstunden er machen darf, wieviel Urlaub er zu nehmen hat. Wenn sich jemand selbständig machen will, sind in Bayern fünf Behördenwege notwendig, in Österreich deren dreißig. Es wird eine der Hauptaufgaben der kommenden Jahre sein, persönliche Initiative nicht zu hemmen, sondern zu fördern.

Wo liegen überhaupt die wirtschaftlichen Zukunftschancen Österreichs?

So überraschend es vielleicht klingt, aber es gibt kaum einen Bereich, in welchem Österreich keine Chancen hätte – allerdings nicht bei billiger Massenware, sondern bei anspruchsvollen und hochwertigen Produkten. In den fünfziger Jahren wurde unsere Textilindustrie totgesagt; sie werde sich gegenüber der Konkurrenz aus Niedrigpreisländern nicht halten können. In der Tat haben viele Betriebe, die Stapelware erzeugten, in den Folgejahren schließen müssen; jene Unternehmen, die rechtzeitig auf Spezial- und hochmodische Erzeugnisse umgestiegen sind, florieren nach wie vor.

Es gibt heute unzählige Betriebe in Österreich, meist Klein- und Mittelbetriebe, die auf einem Spezialgebiet Weltruf genießen und ihre Erzeugnisse in alle Erdteile exportieren. Dies muß nicht immer high-tech sein; auch bei einfacheren Produkten sind österreichische Unternehmen dann konkurrenzfähig, wenn sie in Qualität, Lieferfähigkeit und Kundenbetreuung den oft viel größeren, aber gerade dadurch auch schwerfälliger agierenden ausländischen Unternehmen überlegen sind.

Österreich sollte aber vor allem jenen Bereichen sein Augenmerk zuwenden, in denen wir einen komparativen Vorteil genießen. Dies sind nicht nur jene Sparten, die hohes Bildungsniveau sowie Flexibilität und Geschicklichkeit erfordern; dies ist insbesondere die bei uns (im Vergleich zu vielen anderen Ländern) noch intaktere Natur und Kultur, die miteinander ein Kapital darstellen, das, richtig genutzt, große Zukunftschancen bietet.

Das heißt: Im Fremdenverkehr geht es nicht um noch mehr gerodete Schipisten, jodelnde Schuhplattlergruppen, Discos und Autobahnen in jedes noch so entlegenen Tal. Angesichts der zunehmenden Überalterung in unseren wichtigsten Besucherländern sind die höchsten Zuwachsraten der Nachfrage dort zu erwarten, wo eine Kombination von ruhiger Erholung mit vielseiti-

ger kultureller Anregung geboten wird – auf der einen Seite Schilanglauf, Schiwandern, gut organisierte Fahrradtouren mit einem Netz von Zwischenstationen in Gasthöfen, auf der anderen Seite Töpferkurse, Dichterlesungen, Laientheater – dem Einfallsreichtum sind kaum Grenzen gesetzt. In diesem Sinne wäre z. B. der Bau des Dorfertalkraftwerkes in doppelter Hinsicht eine krasse Fehlinvestition: Erstens würde die Kilowattstunde dort produzierten Stroms rund 3 Schilling kosten, während französischer Überschußstrom schon um weniger als 30 Groschen angeboten wird, und zweitens würde damit eine der letzten größeren intakten Landschaften der Möglichkeit beraubt, durch Entwicklung eines »sanften« Tourismus einen längerfristig ungleich vielversprechenderen Weg zu gehen. Sanfter Tourismus bedeutet ja weder Halbschuh- noch Rucksack-Tourismus einiger weniger Bergfexen, sondern eine vielfältige, umweltschonende Angebotspalette, die sich vornehmlich an die (recht zahlungskräftige) wachsende Gästeschicht der Fünfzig- bis Siebzigjährigen wendet.
Und damit kommen wir zu jenem Bereich, der bisher Stiefkind der wirtschaftlichen Entwicklung war, dem aber in der gegenwärtigen Wende des ökonomischen Selbstverständnisses eine Schlüsselrolle zukommen sollte, der Landwirtschaft.

Was über die Wirtschaft im allgemeinen gesagt wurde, daß eine Politik des »more of the same« nicht der Weisheit letzten Schluß darstellt, gilt für die Landwirtschaft in ganz besonderem Maße.
Fassen wir nochmals zusammen: An sich, und innerhalb bestimmter Grenzen, ist der Marktmechanismus zu begrüßen. Er führt dazu, daß Güter jeweils dort hergestellt werden können, wo dies am kostengünstigsten möglich ist; er führt daher auch zu Rationalisierung, also zum Bestreben, möglichst kostengünstig zu produzieren, und er führt auch zu Veränderungen der Wirtschaftsstruktur und der Beschäftigtenstruktur. Hätten sich unsere Vorfahren diesen Strukturveränderungen widersetzt, wären wir heute noch ein Volk von Köhlern und Laternenanzündern, mit bitterer Armut in weiten Kreisen und mit einer Lebenserwartung von kaum dreißig Jahren.
Wir haben jedoch gesehen, daß wirtschaftliche Aktivitäten heute

nicht mehr isoliert betrachtet werden dürfen, sondern nur in ihrem ökologischen und sozialen Kontext. Und dieser Kontext ist im Fall der Landwirtschaft noch ungleich stärker ausgeprägt als in anderen Wirtschaftsbereichen.

Nehmen wir, beispielsweise, an, Hemden könnten irgendwo im Ausland billiger produziert werden als in Österreich. Dann würde der Marktmechanismus dafür sorgen, daß zunächst viele Dutzend kleinerer Hemdenerzeuger einigen wenigen größeren Hemdenerzeugern Platz machen müßten, die allein durch die größeren Stückzahlen kostengünstiger produzieren können, und daß schließlich diese größeren Erzeuger auch vom Markt verschwinden würden, falls die importierten Hemden wesentlich billiger wären als die im Inland hergestellten. Wir würden dann alle unsere Hemden aus dem Ausland beziehen und dafür irgendein anderes Produkt, bei dem umgekehrt wir einen komparativen Kostenvorteil genießen, exportieren.

Ist es schon mehr als fraglich, ob eine solche Entwicklung uneingeschränkt bejaht werden sollte, so erhebt sich die weitere Frage, ob der Agrarbereich beliebigen anderen Wirtschaftszweigen, etwa der Hemdenerzeugung, gleichzusetzen ist, ob also ein Konzentrationsprozeß in der Land- und Forstwirtschaft oder ein gänzlicher Verzicht auf diese dasselbe bedeutet wie ein Konzentrationsprozeß oder Verzicht in einer anderen Sparte.

Es steckt ein tiefer Sinn darin, daß die Land- und Forstwirtschaft als Primärbereich bezeichnet wird, die erzeugende Industrie als Sekundärbereich und die Dienstleistungen als Tertiärbereich. Auf Dienstleistungen – vom Friseur bis zum Rechtsanwalt – kann man allenfalls verzichten, auf Industrie schon schwerer, auf die Leistungen der Land- und Forstwirtschaft jedoch nicht. Sie sind eben »primär« für das Überleben des Menschen erforderlich. Hat ein Land in irgendeinem Sektor des Sekundär- oder Tertiärbereiches seine nationale Eigenständigkeit aufgegeben und bezieht die betreffenden Produkte aus dem Ausland, so mag deren plötzlicher Ausfall im Zuge eines internationalen Konfliktes zwar schmerzlich sein, bei Auslandsabhängigkeit in der Agrarproduktion wäre deren Ausfall jedoch lebensbedrohend.

Die eigentlichen Gründe, warum unsere Landwirtschaft anders zu beurteilen ist als ein beliebiger anderer Wirtschaftszweig, liegen jedoch tiefer. An dieser Stelle ist es erforderlich, sich mit den Begriffen »soziale Kosten« und »soziale Vorteile« (social costs und social benefits) auseinanderzusetzen. Wenn ein Erzeugerbetrieb seine Abwässer, wenn ein Autofahrer seine Abgase an die Umwelt abgibt, so spart er, in betriebswirtschaftlicher Sicht, Kosten; diese Kosten entstehen aber dennoch, und zwar für die Allgemeinheit. Die Dominanz des Marktmechanismus hat dazu geführt, daß jeder Produzent und Konsument bestrebt war, möglichst viele seiner Kosten an die Allgemeinheit abzuschieben. Das Resultat ist die gegenwärtige gigantische Umweltmisere. Das mühsame Bestreben der Umweltpolitik, zumindest der westlichen Demokratien, geht nun dahin, diese externen Kosten zu internationalisieren, also ihren jeweiligen Verursachern zuzurechnen.

Das genaue Gegenteil gilt für die Land- und Forstwirtschaft. Wenn ein Bauer eine scheinbar unrentable Alm bewirtschaftet, wenn ein Forstwirt seinen Wald pflegt, so leistet er damit einen positiven Beitrag zur Erhaltung einer lebenswerten Umwelt, der ihm aber ebensowenig abgegolten wird, wie umgekehrt beispielsweise der Autofahrer für seinen negativen Umweltbeitrag zur Kasse gebeten wird.

Während die meisten anderen Wirtschaftszweige mehr einnehmen, als ihnen eigentlich zustünde, erhält der Agrarsektor weniger Entlohnung, als seiner tatsächlichen Wirtschaftsleistung entspricht. Sei es, weil dies intuitiv erkannt wurde, sei es, daß jedes Land aus den vorher genannten Gründen an einer hohen landwirtschaftlichen Produktion interessiert war, ist es in allen entwikkelten Ländern in den letzten Jahrzehnten zu massiven finanziellen Stützungen der Agrarwirtschaft gekommen. Der Kardinalfehler dieser Stützungsmaßnahmen bestand jedoch darin, daß sie nicht an der landwirtschaftlichen Bevölkerung ansetzten, sondern an der Produktion – je höher die Produktion, desto höher die Stützungsgelder.

Ein Teufelskreis wurde ausgelöst: Es kam zu Überproduktion, damit zu einem Preisverfall. Dieser erforderte einerseits höhere Stützungsgelder, andererseits zwang er die Landwirtschaft zu maximaler Rationalisierung, also zu immer großflächigerem, bodenverdichtendem Maschineneinsatz über extreme Artenverarmung auf intensiv genutzten Produktionsflächen bis hin zum immer höheren Einsatz von Schädlingsbekämpfungs- und Düngemitteln mit der entsprechenden Schadstoffanreicherung in Boden und Grundwasser. Durch diese quasi-industrielle Nutzung stiegen die Hektarerträge – also noch mehr Überproduktion, noch stärkerer Preisverfall und noch stärkere Überbeanspruchung der Böden. Auch führte die Rationalisierung zur Spezialisierung, insbesondere zu einem Auseinanderfallen von Ackerbau und Viehzucht. Während früher die Rückstände der Tierhaltung auf den eigenen Feldern Verwendung finden konnten, die ökologischen Kreisläufe also geschlossen waren, führen heute auf der einen Seite die Rückstände der Massentierhaltung zu einem immer größeren Umweltproblem, während auf der anderen Seite den Feldern Kunstdünger zugeführt werden muß.

Warum exportieren dann nicht einfach die reichen Länder ihre Agrarüberschüsse in die Hungerländer, und beide sind ihre Sorgen los? Paradoxerweise liegt gerade darin ein Grund für den Hunger in der Welt: Wenn die reichen Länder ihre Agrarüberschüsse zu massiv gestützten Schleuderpreisen in ärmere Länder exportieren, bringen sie damit nur die lokale Landwirtschaft um, die umso weniger mithalten kann, je billiger wir unsere Überschüsse dort anbieten – die Abhängigkeit der dritten Welt vertieft sich und der Hunger nimmt zu. Eine sehr gründliche systemanalytische Studie eines holländischen Forscherteams hat vor einigen Jahren eine Unzahl von Modellen durchgerechnet, wie der Hunger in der Welt bekämpft werden könnte. Schließlich ergab sich, daß praktisch jede noch so gutgemeinte Einzelmaßnahme letztlich den Hunger erhöht. Es erwies sich, daß nur ein bestimmtes Bündel sorgfältig aufeinander abgestimmter Maßnahmen zielführend erschien, und eine dieser Maßnahmen war ein stabiler und hoher Weltmarktpreis! Nur durch einen hohen Abnehmerpreis kann nämlich in den ärmeren Teilen der Erde eine leistungsfähige Landwirtschaft entstehen!

Das ganze Ausmaß des Unsinns des derzeitigen Teufelskreises wird aus einigen Ziffern erkennbar: Die Ausgaben für den gemeinsamen EG-Agrarmarkt in der Höhe von 45 Milliarden DM

kommen nur zu einem Drittel den Bauern selbst zugute. Der Rest wird für Lagerung, Verwertung, Absatzförderung und Ausfuhrerstattung der überflüssigen Produkte aufgewendet; die US-Landwirtschaft ist mit mehr als 200 Milliarden Dollar verschuldet; das ist mehr als die Verschuldung Argentiniens, Brasiliens und Mexikos zusammen. In den USA gehen Tausende Farmer zugrunde, und nur ein Prozent der Farmer erzeugt ein Drittel der gesamten Agrarproduktion.
Das ist aber noch nicht alles. Es ist keineswegs so, daß die Land- und Forstwirtschaft automatisch als »Umwelterhalter« anzusprechen ist. Im Gegenteil, wie schon gesagt: Je industrieller die Agrarproduktion, von der Massentierhaltung bis hin zu riesigen Monokulturen, desto größer ist die damit verbundene Umweltbelastung. Beliebige Agrarproduktion beliebig zu subventionieren, muß daher in die falsche Richtung führen.
Die richtige Antwort liegt also auf der Hand: Aufgabe der Agrarpolitik muß es sein, über die Ernährungssicherung der eigenen Bevölkerung hinaus alle umwelterhaltenden Aktivitäten des Agrarsektors zu unterstützen und alle umweltbelastenden zu erschweren. Dieser Zielsetzung vermag eine klein- und mittelbetriebliche Struktur wesentlich besser gerecht zu werden als die Entwicklung hin zu einigen industriellen Großfarmen; eine »unökonomische« Betriebsgrößenstruktur erweist sich demnach, unter Einbeziehung sozialer Kosten und sozialer Vorteile, als ungleich ökonomischer! Dies schließt keineswegs aus, daß sich die kleinbetriebliche Struktur durch geeignete Organisationen (Maschinenringe, Erzeugergemeinschaften usw.) Kosten- und Marktvorteile zu sichern vermag.
Ferner: Die Umweltbelastung wird umso geringer sein, je mehr es wieder zur Herstellung geschlossener Kreisläufe in der Land- und Forstwirtschaft kommt. Das heißt aber nichts anderes, als daß der bisherige Trend zur Spezialisierung ebenfalls eher als unökonomisch angesehen werden muß. Bezieht man die Umweltfunktion der Land- und Forstwirtschaft mit ein, so müßte sogar die Behauptung aufgestellt werden, daß wir heute eher zu wenig als zu viel landwirtschaftliche Bevölkerung haben, wenn wir wollen, daß unsere Lebensmittel gesund erzeugt werden, unsere Landschaft

gepflegt wird, unsere Wasservorräte geschont und die Böden so genutzt werden, daß Flora und Fauna artenreich erhalten bleiben können. All diese Zielsetzungen könnten mit einem Bruchteil der Geldsummen, die derzeit für die Überschußverwertung ausgegeben werden müssen, erfüllt werden.

Konsequent müßte der Erkenntnis entsprochen werden, daß das Einkommen der Landwirtschaft auf zwei Säulen zu beruhen hat: dem Einkommen aus der unmittelbaren landwirtschaftlichen Produktion und dem Einkommen aus der Abgeltung für die von der Land- und Forstwirtschaft erbrachten Umweltleistungen, die ja der Allgemeinheit zugute kommen. Ausdrücklich sei nochmals betont, daß es sich hiebei um kein Almosen oder um eine Museumsgebühr handelt: Wenn wir es für richtig finden, daß die Kosten für Umweltschäden von jenem zu tragen sind, der sie verursacht, müssen wir es umgekehrt für richtig finden, die Kosten für Umweltleistungen jenem zu vergüten, der sie erbringt.

Zur Ehrenrettung der österreichischen Agrarpolitik sei ausdrücklich festgehalten, daß das längst fällige Umdenken bei uns schon in weit höherem Maße eingesetzt hat als in den meisten unserer Nachbarstaaten. In der Agrarpolitik wurden in jüngster Zeit deutliche Schritte gesetzt: Um der Spezialisierung entgegenzuwirken und Überschüsse abzubauen, werden heute Produktionsalternativen gefördert, ebenso Energie aus Biomasse, Sonder- und Spezialkulturen; Bergbauern, die ja eine besonders hohe Umweltleistung erbringen, erhalten höhere Direktzuschüsse. Weiters ist die Erzeugung von »Rapsöl-Diesel« für die bäuerliche Eigenversorgung sowie für den Treibstoffmarkt vorgesehen sowie eine Verarbeitungsanlage für Ölsaaten.

Vieles bleibt noch zu tun: So wird in Bayern bereits ein Erschwernisausgleich bei Feuchtflächen gewährt bzw. ein Entgelt jenen Landwirten gegeben, die darauf verzichten, ihre Feuchtwiesen umzugestalten, im Interesse der Artenvielfalt und des Grundwasserspiegels. Bei uns werden noch Prämien für die Trockenlegung von Wiesen gezahlt. Auch verdient der sogenannte »biologische« Landbau ungleich stärkere Förderung als bisher. Vereinfacht gesagt, kann überhaupt nur ein »biologischer« Landbau beliebig lange in die Zukunft hinein fortgesetzt werden, nicht jedoch ein

Landbau, der eine ständige Überbeanspruchung der Böden erfordert.

Gerade was den biologischen Landbau betrifft, fehlt es bei uns noch sehr an der Zusammenarbeit zwischen Nahrungs- und Genußmittelindustrie und Landwirtschaft. Hier besteht, insbesondere auch für den Export, ein großer, zukunftsträchtiger Markt. In Österreich ist die Vergiftung der Anbauflächen vielfach noch nicht so weit fortgeschritten wie in anderen Ländern; durch Schaffung von Markenbezeichnungen und Propagierung einer umfassenden Selbstkontrolle müßten sich insbesondere in kaufkräftigen Abnehmerländern große Absatzchancen bieten.

Es sind jedoch noch prinzipiellere Gründe, warum jedes Land an einer gesunden Agrarwirtschaft interessiert sein sollte. Die Land- und Forstwirtschaft lehrt uns jenes Wertsystem, dessen wir alle bedürfen, wenn wir überleben wollen – das Bewußtsein vom Werden und Vergehen, die Notwendigkeit des Denkens in größeren Zusammenhängen, die Erkenntnis der Grenzen des Machbaren, und Demut vor der Natur, deren Teil wir selbst sind. Der urbanisierte Mensch neigt dazu, ernten zu wollen, wo er nicht gesät hat; er neigt dazu, die ihn umgebende funktionierende Infrastruktur für selbstverständlich zu halten, eine Forderung nur aufstellen zu müssen, und schon hat sie erfüllt zu sein.

Es wäre also dringend erforderlich, Sekundär- und Tertiärsektor, ja unser ganzes Dasein mit der Denkweise und dem Wertsystem des Primärsektors zu durchdringen. Hans Millendorfer spricht vom Begriff einer »Neuen Bäuerlichkeit« als einer harmonischen, ganzheitlichen Beziehung zum Lebendigen.

In diesem Sinne ist der Nebenerwerbs- und Zuerwerbsbauer keineswegs als ein leider notwendiges Übel anzusehen. Ganz im Gegenteil: Hätten wir ausschließlich eine »reine« Landwirtschaft, die nur aus Vollerwerbsbauern besteht, so wäre die Kluft zwischen Primärsektor und anderen Sektoren viel größer, das Verständnis für die Landwirtschaft viel geringer, aber auch ungleich weniger Einflußmöglichkeit der Landwirtschaft auf andere Bereiche gegeben.

Es ist also aus zwei Gründen zu bejahen, wenn sich unserer bodenständigen landwirtschaftlichen Bevölkerung immer mehr Erwerbsmöglichkeiten auch in anderen Wirtschaftsbereichen erschließen

und wenn umgekehrt immer mehr Städter einen Fuß in die landwirtschaftliche Tätigkeit setzen: Einerseits kann auch in ländlichen Gebieten eine zahlenmäßig starke Bevölkerung samt ihrer bodenständigen Kultur erhalten bleiben, andererseits aber wird deren Wertsystem in andere Bevölkerungsschichten hineingetragen, die den Bezug zur Natur schon verloren haben.
Diese Rolle der Landwirtschaft als »Lehrmeister der Nation« könnte noch bewußt gefördert werden. Schullandwochen und »Urlaub am Bauernhof« sind nur erste zaghafte Schritte. Durch systematische Programme müßten Kinder aus städtischen Bereichen von klein auf mit den Gegebenheiten und Notwendigkeiten der Natur konfrontiert werden, um zu lernen, daß jeder Versuch, die Natur mit Gewalt beherrschen zu wollen oder zu mißachten, fehlschlagen muß, daß vielmehr der Mensch zu seinem Überleben auf die Einbettung in die Natur angewiesen ist.

Alle diese Überlegungen sind nunmehr, durch das vorgesehene Beitrittsansuchen Österreichs in die Europäische Gemeinschaft, in eine neue Phase getreten. Die üblicherweise angestellte Überlegung läuft wie folgt: Neben einem Binnenmarkt von über 300 Millionen Menschen muß ein kleines Land von sieben Millionen Einwohnern ins Hintertreffen geraten; also haben wir keine andere Wahl, als der Europäischen Gemeinschaft beizutreten, und zwar um jeden Preis, außer den unserer Neutralität.
Aber auch die Gegner eines EG-Beitritts bedienen sich einer verkürzten Argumentation. Sie weisen darauf hin, daß Österreich in den Binnenmarkt weit mehr einzuzahlen haben wird, als es herausbekommt, und daß wir auf vielen Gebieten unsere nationale Souveränität einbüßen werden.
Totale Freizügigkeit des Verkehrs würde uns zwingen, eine beliebige Zunahme des Schwerverkehrs durch Österreich nicht nur zuzulassen, sondern ihr durch den Bau immer weiterer Autobahnen auch noch Vorschub zu leisten, d. h., ganz Österreich in ein einziges Inntal zu verwandeln. Und wenn die Europäische Gemeinschaft ihre Agrarpolitik fortsetzen sollte, die vornehmlich die großindustrielle Agrarstruktur fördert, muß es eben auch bei uns zu einem allgemeinen Bauernsterben kommen. Und in der Umwelt-

gesetzgebung werden wir auf den kleinsten gemeinsamen Nenner zurückfallen.
Beide Sichtweisen sind in dieser Verkürzung unzutreffend. Wie bei vielen Problemen, so ist auch hier eine differenziertere Betrachtungsweise am Platze. So wird unser nationaler Entscheidungsspielraum weit größer bleiben können, als vielfach angenommen wird. Österreich wird z.B. durchaus die Möglichkeit haben, strengere Umweltgesetze anzuwenden und dadurch für den Tourismus attraktiver zu sein als andere EG-Länder. Der Markt, auf dem ich einen Arbeitsplatz suche, wird größer sein, doch kann es durchaus von Bedeutung bleiben, zwischen Ländern mit verschiedenen Steuersystemen, Gesetzen, Lohnniveaus und Lebensformen zu wählen, etwa zwischen einer besser bezahlten Stellung im Ruhrgebiet und einer weniger gut bezahlten in einer landschaftlich attraktiven Kleinstadt Österreichs. Belgien, Holland und Luxemburg sind seit vielen Jahren in einer Zollunion vereint; dennoch sind signifikante Unterschiede zwischen diesen drei Ländern erhalten geblieben.
Jenen aber, die einen EG-Beitritt Österreichs quasi blindlings befürworten, sei in Erinnerung gerufen, daß Österreich schon einmal, nämlich in den zwanziger und dreißiger Jahren, an seiner wirtschaftlichen Lebensfähigkeit gezweifelt hat – die Folgen sind bekannt. Dabei sollte uns ein Blick auf die Schweiz und auf Schweden zu denken geben, zwei ebenfalls neutrale Länder vergleichbarer Größe, die beide entschlossen sind, (noch) kein Beitrittsansuchen zu stellen, sondern ihre wirtschaftliche Verflechtung mit der Europäischen Gemeinschaft eher in einer großen Zahl von Einzelabkommen zu suchen.
Was das Beispiel der Schweiz und Schwedens lehren sollte, ist, daß nicht der EG-Beitritt für uns entscheidend sein wird, sondern die EG-Reife. Sollten wir unser Heil in Massenprodukten suchen, werden wir auf einem Markt von 300 Millionen nicht konkurrenzfähig sein. Setzen wir jedoch den Weg einer Strukturverbesserung in Richtung auf hochwertige Spezialerzeugnisse, und zwar in allen Branchen, fort, so werden unsere Produkte – wie schon heute, so auch morgen – im großen EG-Markt gefragt sein.
Um nicht mißverstanden zu werden: Nichts spricht dagegen, zu-

nächst einmal ein Beitrittsansuchen abzugeben, schon um dadurch unseren guten Willen zu maximaler Zusammenarbeit zu dokumentieren. In den anschließenden, jahrelangen Verhandlungen wird unsere Position aber umso stärker sein, je gesünder und moderner unsere Wirtschaft dasteht. Und sollte sich schließlich herausstellen, daß der besonderen Position Österreichs eher durch ein umfassendes Assoziationsabkommen als durch einen Vollbeitritt entsprochen werden kann, so sollten wir darüber dann frei entscheiden.

Auch diesbezüglich besteht kein zwangsläufiger Megatrend: Überlegen wir klug und gründlich, bevor wir die endgültige Weichenstellung vornehmen.

3 Ökologie ist Ökonomie auf längere Sicht

Umweltpolitik ist Überlebenspolitik. Wir stehen an der Wende von der Versorgungswirtschaft zur Entsorgungswirtschaft. Dauerhaftes Wachstum kann es nur geben, wenn wir auf geschlossene Kreisläufe und maximale Müllvermeidung übergehen. Umweltpolitik läßt sich an niemanden abschieben; »Verursacher« sind wir selbst, solange wir als Konsumenten an (scheinbar) niedrigen Preisen interessiert sind. Umweltpolitik kann auch nicht an ein einzelnes Ressort übertragen werden, sondern muß Hauptanliegen aller Beteiligten sein.

Hunderte Bücher wurden zur Umweltproblematik geschrieben; alle Umweltprobleme, mit denen wir heute konfrontiert sind, wurden uns vor Jahren, ja Jahrzehnten, vorausgesagt. Alle Warnungen wurden in den Wind geschlagen, die Warner als Kassandra-Rufer lächerlich gemacht. Und heute, da die Problematik buchstäblich von Woche zu Woche immer dramatischer aufbricht, kommt es zu menschlich verständlichen, aber deswegen noch genauso erschreckenden Fehlreaktionen.
Übrigens »Kassandra«: Ihr doppelter Fluch bestand darin, daß ihr niemand glaubte, daß sie jedoch wußte, recht zu haben.
Da sind die einen, die immer noch vor den Umweltproblemen beharrlich die Augen verschließen, getreu dem Grundsatz, daß nicht sein kann, was nicht sein darf. Diese sind heute – Gott sei Dank – schon in der Minderzahl. Einer entschlossenen Umweltpolitik steht aber eigentlich noch mehr im Wege die große Masse derer, die die zunehmenden Umweltschäden bekümmert und fatalistisch zur Kenntnis nimmt.
Wir sind schon abgestumpft. Wenn uns Bilder von den trostlosen Wüsten im Riesengebirge, im Harz vor Augen gehalten werden, sehen wir durch sie hindurch. Daß unsere Wälder auf dem besten Wege sind, morgen dasselbe Bild zu bieten, das zu erkennen verhindert eine Sperre in unseren Köpfen. Daß dem Waldsterben ein Feldsterben folgen könnte, daß unsere Atemluft, daß unser Trinkwasser immer stärker vergiftet sind, wird schon so oft gesagt, daß es an uns abgleitet. Die rapide Abnahme der Gen-Varietät, der Artenvielfalt, läßt unseren Pulsschlag genauso unverändert wie das Ozonloch.

Und wenn in der oberen Adria jedes Leben erstorben ist – irgendwoher werden die Fische doch noch kommen, und irgendwo wird man sicher noch baden können. Und daß all dies nicht Einzelprobleme sind, die schon irgendwer irgendwann irgendwie lösen wird, sondern nur Symptome ein und desselben Ursachenkomplexes, so weit dringt die Erkenntnis nur bei wenigen.
Unter den zahllosen Gegenwartsproblemen – vom Nord-Süd-Gefälle über die Arbeitslosigkeit bis hin zum Terrorismus – sind es eigentlich nur zwei, die die Menschheit in ihrer Existenz bedrohen und denen daher auch eine Sonderstellung zukommen sollte: die Möglichkeit eines interkontinentalen Nuklearkrieges und das Umweltproblem.
Die beiden verhalten sich zueinander wie Tod durch Autounfall zu Tod durch Krebs. Der Tod durch Autounfall ereignet sich oder nicht; beim Krebs aber wissen wir nie, wie weit seine Metastasen schon fortgeschritten sein mögen, ob eine konservative Therapie noch am Platz ist oder ob uns nur noch das Messer des Chirurgen eine Chance läßt. Es soll Ärzte geben, die den Krebs im eigenen Körper bis zuletzt nicht wahrhaben. Darf es uns dann wundern, wenn die überwiegende Mehrheit der »einflußreichen Kreise« das Umweltproblem beiseite schiebt?
Wieder einmal, zum x-ten Male, hat eine Gruppe von Wissenschaftern (diesmal die Weltklimakonferenz in Toronto) ihr Schlußprotokoll in den einen Satz zusammengefaßt: »Es ist zwingend geboten, unverzüglich zu handeln.«
Wer soll handeln? Wer sind die Adressaten dieser Aufforderung? Wo ist die verschworene Vereinigung von Finsterlingen, die offenbar nichts anderes im Schilde führen, als uns alle – einschließlich sich selbst – auszurotten?
Das ist das eigentlich Erschreckende an der Umweltproblematik: Diese Vereinigung von Finsterlingen gibt es nicht. Wir alle sind es, die wir uns die Vorteile einer (scheinbar) kostengünstigen Produktion und damit eines (scheinbar) preisgünstigen Konsums gerne gefallen ließen. Sooft es hieß, irgendeine umweltschonendere Herstellungsweise sei »nicht wirtschaftlich«, war damit ihr Todesurteil gesprochen, denn was nicht wirtschaftlich ist, kann auch nicht im Interesse des Verbrauchers liegen.

Erst langsam beginnt es uns zu dämmern, daß es in der Umweltpolitik nicht um irgendwelche Musealfragen geht, von der Erhaltung seltener Vögel bis zur Schaffung von Nationalparks (außerhalb derer wir unsere Umwelt dann umso unbedenklicher zugrunde richten können), sondern daß Umweltpolitik nichts anderes als Überlebenspolitik für uns alle bedeutet. Damit sollte sich die Frage nach der »Wirtschaftlichkeit« von Umweltmaßnahmen gar nicht stellen.
Diese Frage sei aber dennoch gestellt. Das klassische Gegensatzpaar Ökonomie/Ökologie gibt es nämlich nicht. Nicht nur daß Ökonomie und Ökologie genau dasselbe bedeuten, nämlich die Lehre vom (gut) Haushalten, ist Ökologie, richtig verstanden, auch tatsächlich genau dasselbe wie Ökonomie, nur in einem größeren zeitlichen, räumlichen und sachlichen Zusammenhang. Kürzer gesagt: Ökologie ist Ökonomie in weiterer Sicht.
Hiezu gleich einige Beispiele: Strom aus Kernkraftwerken ist »ökonomisch« – Frankreich bietet die Kilowattstunde zu Schleuderpreisen an. Kalkuliert man jedoch die bis heute noch von niemandem getragenen Kosten der Abwrackung aller Kernkraftwerke nach ihrer (lächerlich kurzen) Laufzeit von dreißig Jahren mit ein, die Kosten einer über Tausende von Jahren vorzunehmenden Überwachung der hochradioaktiven Rückstände (von denen auch noch niemand weiß, was mit ihnen eigentlich geschehen sollte), die gesundheitlichen Risken und die Wahrscheinlichkeit eines Super-Tschernobyl, so ist die Kernenergie wohl die teuerste Art der Energienutzung, die der Menschheit je eingefallen ist.
Oder: Nehmen wir an, ein Programm zur Entsorgung von Kraftwerken »koste« eine Milliarde Schilling. In klassischer ökonomischer Betrachtungsweise ist diese Investition »unökonomisch«, weil sie um keine einzige Kilowattstunde mehr Strom erbringt. Werden durch diese Investition jedoch Waldschäden im Wert von mehr als einer Milliarde Schilling vermieden, so ist die Investition sehr wohl ökonomisch!
Dabei ist diese Betrachtungsweise immer noch zu eng: Es geht ja nicht nur um den ziffernmäßigen Waldschaden an sich, sondern um die rund 200000 Arbeitsplätze in der österreichischer

Forstwirtschaft, vor allem aber auch um die Folgeschäden des Waldsterbens, von den in die Hunderte Milliarden gehenden dann erforderlichen Schutzbauten bis hin zur möglichen Unbewohnbarkeit vieler Alpentäler ohne Wald und zur nicht mehr gegebenen Regeneration des Luftsauerstoffes. Die sogenannten Marktpreise geben eben nicht die wahren Knappheitsrelationen wieder. Sie führen im Interesse niedriger Preise für weniger lebenswichtige Güter zur Zerstörung der lebenswichtigen Güter (Boden, Wasser, Luft).

Selbst wenn also widerwillig zur Kenntnis genommen werden muß, daß ökologisches Denken zutiefst ökonomisch ist, kommt der zweite Vorhalt, womöglich noch gewichtiger als der erste: Umweltpolitik gefährdet Arbeitsplätze.

Diese Behauptung ist genauso falsch. Es geht nicht um Arbeitsplatzsicherung gegen Umweltschutz, sondern um die Erkenntnis, daß es gerade unser heutiges Wirtschafts- und Sozialsystem ist, das die Arbeitsplätze *und* die Umwelt vernichtet. In den hochindustrialisierten Ländern erleben wir gleichzeitig die größte Umweltzerstörung und die höchste Arbeitslosigkeit – umgekehrt wäre beispielsweise der biologische Landbau gleichzeitig arbeitsintensiver und umweltschonender.

Das Beispiel des biologischen Landbaus läßt sich beliebig verallgemeinern. Es kann sogar mit Fug und Recht behauptet werden, daß eine ökologische, also auf längerfristige ökonomische Ziele ausgerichtete Wirtschaftsform ungleich mehr Arbeitsmöglichkeiten in allen Wirtschaftsbereichen böte und damit einen wesentlichen Schritt zur Reduktion des Problems der Arbeitslosigkeit darstellen würde.

Eine Hauptursache der zunehmenden Arbeitslosigkeit liegt nämlich darin, daß unsere materielle Ausstattung mit Gütern ein so hohes Niveau erreicht hat, daß die weitere Steigerung der Nachfrage nur mehr langsamer vor sich geht als in der Vergangenheit; hierauf wird in einem späteren Abschnitt noch zurückzukommen sein. Unser Wirtschaftssystem ist auf Versorgung ausgerichtet; hiebei tritt aber zunehmend Sättigung ein. Vereinfacht gesagt: Der Wunsch, einen Zweitfarbfernseher, eine Zweitgeschirrspülmaschine und eine Zweit-Zweitwohnung anzuschaffen, ist weit we-

niger stark ausgeprägt, als es vorher der Wunsch gewesen war, sich mit den materiellen Grundbedürfnissen eines angenehmen Lebens zu umgeben.
Das Problem geht aber tiefer. Wir stehen heute überhaupt an der Wende von der Versorgungswirtschaft zur Entsorgungswirtschaft. Was ist damit gemeint?
Die gesamte Geschichte der Menschheit war vom Mangel gekennzeichnet gewesen. Insbesondere war auch der gesamte Erfahrungsschatz der älteren Generation nach 1945 auf die Beseitigung von Mangel ausgerichtet – jedes »Mehr« bedeutete automatisch ein »Besser«: mehr Wohnungen, mehr Autos, mehr Autobahnkilometer.
Gewiß, es gibt auch heute noch Versorgungslücken; gewiß, es gibt eine »neue Armut«, z.B. bei kinderreichen Familien, eine Armut, die zu beseitigen wir viel entschlossenere Anstrengungen unternehmen sollten. Aber in einer zunehmenden Zahl von Bereichen sind wir von den Mangelproblemen in Überschußprobleme gerutscht, von landwirtschaftlicher Überproduktion bis zur Ärzte- und Lehrerschwemme – Probleme, denen wir deshalb ratlos gegenüberstehen, weil all unsere Erfahrung auf Mangel, nicht aber auf Überschuß ausgerichtet ist.
Gleichzeitig beginnen uns aber Entsorgungsprobleme über den Kopf zu wachsen, auf die wir ebenfalls nicht vorprogrammiert sind. Der Pro-Kopf-Anfall von Müll hat sich in Österreich in den letzten zehn Jahren verdoppelt; für Sondermülldeponien finden sich keine Standorte, und was wir mit den rund 3000 Altdeponien in Österreich tun sollen, die als tickende Zeitbomben unsere Trinkwasserversorgung gefährden, wissen wir auch nicht.
Unsere Zeit bedarf also einer totalen Umpolung des Denkens, von der Versorgung zur Entsorgung, von (sicherlich noch) Wünschenswertem zum (immer stärker) Notwendigen. Ein weiteres Autobahnteilstück hier, ein weiteres Kraftwerk dort mag noch wünschenswert sein; ungleich wichtiger und eine ungleich größere Aufgabe für unsere Bauwirtschaft wäre aber der Gesamtbereich der Entsorgung. Auf Versorgung sind wir ausgerichtet: für Kraftwerksbauten gibt es Anleihen, für den Autobahnbau die ASFINAG, aber für eine entsprechend groß angelegte Entsorgungspolitik

fehlen uns noch die Instrumente. Warum machen wir uns nicht das hohe Know-how unserer Versorgungsinstitutionen dadurch zunutze, daß wir Versorgungsauftrag und Entsorgungsauftrag zu einem großen nationalen Vorsorge-Auftrag zusammenfassen? Kraftwerksgesellschaften und Bauwirtschaft wären miteinander sehr wohl imstande, die Entsorgungsproblematik rasch und wirksam anzugehen. Die Gelder dafür aufzubringen müßte uns mindestens so sehr am Herzen liegen wie in den letzten dreißig Jahren der Ausbau unseres Straßennetzes.

Daß ein simples Wachstumsdenken im Sinne eines bloßen »more of the same« unsinnig ist, wurde schon im vorangegangenen Abschnitt diskutiert. Es erheben sich jedoch auch von ökologischer Seite schwere Bedenken gegen gedankenloses Wachstum als Selbstzweck.

Meist wird umgekehrt argumentiert: »Grünes« Denken sei wachstumshemmend; eine florierende Wirtschaft braucht Wachstum; also sei »grünes« Denken wirtschaftsfeindlich.

Diese Behauptung ist in mehrfacher Hinsicht falsch. Zunächst einmal stellt »Wachstum« keinen Wert an sich dar. Wachstum von Krebszellen ist genauso unerwünscht wie Wachstum von Müllhalden. Aber auch ein Wachstum nützlicher Dinge, wie etwa ein weiteres Wachstum unserer landwirtschaftlichen Produktion, stößt an Grenzen der Sinnhaftigkeit. Demnach ist also nicht automatisch jedes »Mehr« auch ein »Besser«. Mehr Straßen bedeuten weniger Ruhegebiete, mehr Konsum bedeutet mehr Müll. Auch wollen die Folgen von »Wachstum« bedacht sein. Mehr Autobahnen bedeuten mehr Autoverkehr, mehr Verlagerung von der Schiene auf die Straße, mehr Umweltbelastung.

Es ist daher notwendig, sich dem Wachstumsbegriff noch von einer anderen Seite her zu nähern, nämlich von der Frage: Welche Art von Wachstum können wir uns leisten, beliebig lange in die Zukunft hinein fortzusetzen? Eine Wirtschaftsform, in der sich der Müllanfall alle zehn Jahre verdoppelt und die Umweltbelastung immer weiter steigt, kann offenbar nicht auf die Dauer aufrechterhalten werden. Jenes Wachstum, das wir – als einzig mögliches – daher anstreben müssen, ist das »dauerhafte Wachstum« (auch: nachhaltiges Wachstum, englisch: sustainable growth). Es ist von

zwei Prinzipien gekennzeichnet: Maximales Bemühen um geschlossene Kreisläufe und maximale Müllvermeidung.
Vorbild für das erste Prinzip ist der alte Bauernhof: Dem Wald wurde nur soviel Holz entnommen wie nachwuchs, der Stallmist fand als Düngemittel Einsatz, und die Küchenabfälle wurden an die Schweine verfüttert. Übertragen auf unsere Wirtschaft heißt dies: Recycling im Sinne von Wiederverwendung und Wiederverwertung ist überall dort zu fördern, wo es sinnvoll erscheint, d. h., wo nicht die mit einem eventuellen Recycling verbundenen Umweltkosten höher wären als der Gewinn. So hat der (gewiß nicht übermäßig grünverdächtige) ÖAMTC kürzlich konkrete Vorschläge zum Katalysator-Recycling gemacht. Ferner ist anzustreben, daß Nebenprodukte eines Wirtschaftssystems systematisch in einem anderen Wirtschaftsprozeß Eingang finden, wie dies z. B. für Alt-Autoreifen bereits weitgehend der Fall ist, die in der Zementindustrie als Brennstoff Einsatz finden können.
Noch wichtiger erscheint es jedoch, alle Möglichkeiten zur Müllvermeidung und Müllreduktion auszunützen. Hierher gehört etwa auch, wo immer möglich, von Wegwerf-Batterien auf wiederaufladbare Batterien überzugehen und auch diese – nach Ablauf ihrer (ungleich längeren) Lebensdauer – wieder aufzubereiten. Hier wäre ohne jeden Dirigismus vieles möglich. Zahnpastahersteller könnten ihr Produkt wahlweise in der bisherigen aufwendigen Verpackung oder aber – im Regal gleich daneben stehend – ohne Verpackung in Steckkartons entsprechend billiger anbieten. Damit wäre die Probe aufs Exempel gemacht, ob die Behauptung stimmt, der Konsument »wünsche« die aufwendige Verpackung.
Nur bei dieser Art von Wachstum, beim dauerhaften Wachstum, das den mengenmäßigen Durchsatz nicht erhöht, sondern reduziert, ist der weiteren Zunahme an menschlicher Wohlfahrt keine Grenze gesetzt. Bleiben wir aber bei der gegenwärtigen Form bedenkenlosen Wachstums, werden uns die Folgen rascher zu drastischen Wachstumsbeschränkungen zwingen, als uns lieb sein wird.

Von ökologischen Zielsetzungen kann jedoch auch ein vielfältiger direkter Wirtschaftsimpuls ausgehen. Die »Umwelttechnik« im weitesten Sinne des Wortes stellt gerade für ein Land wie Österreich, wo sich ein hohes Bildungsniveau mit großem Einfallsreichtum paart, ein auch international zukunftsträchtiges Hoffnungsgebiet dar. Wo sind die Mitterhofer und Madersperger unserer Zeit?

Alle Vernunft spricht dafür, die Wende, in der sich unser Wirtschaftssystem befindet, so zielbewußt wie möglich zu beschleunigen. Wie kann dies geschehen? Und, damit im Zusammenhang: Was ist in einem marktwirtschaftlichen System dabei die Rolle des Staates?

Der Staat hat die Aufgabe, den Rahmen vorzugeben, innerhalb dessen Produzenten und Konsumenten frei entscheiden können. Ist etwa, aus übergeordneten Gründen, die Arbeit des Bergbauern erwünscht, der Überkonsum von Tabakwaren aber unerwünscht, so ist es auch in einem marktwirtschaftlichen System richtig, Tabakwaren mit einer hohen Steuer zu belegen und andererseits die soziale Leistung des Bergbauern auch finanziell abzugelten. Das heißt: Wie der Staat in das Marktgeschehen eingreift, wird von gesellschaftlichen Prioritäten bestimmt; diese jedoch können geänderten Gegebenheiten angepaßt werden. In einer Zeit, in der die Erhaltung unserer natürlichen Lebensgrundlagen zwingend geboten erscheint, kann und muß demnach der Staat die Rahmenbedingungen dieser Zielsetzung anpassen. Hiezu stehen ihm im Prinzip zwei Wege zur Verfügung: Verbote (bzw. Gebote) und Steuern (bzw. Subventionen).

Es gibt Bereiche, in denen Verbote erfolgreicher sind als Steuern. Die in Österreich einstmals so beliebten Tier-Hatzen hätten sich durch eine noch so hohe Besteuerung der Eintrittskarten kaum aus der Welt schaffen lassen, sondern verschwanden eben nur durch ein Verbot. Im allgemeinen jedoch ist Zuckerbrot erfolgreicher als Peitsche, sind (steuerliche) Anreize erfolgreicher als Verbote, insbesondere, wenn diese nicht überprüfbar sind.

Was hilft es, wenn etwa die Verunreinigung der Waldböden durch Altöl streng verboten ist? Es wird geschätzt, daß ein Drittel (!) aller Autofahrer ihren Ölwechsel selbst vornehmen, das Altöl jedoch nicht ordnungsgemäß entsorgen, es also irgendwo an einer verborgenen Stelle im Boden versickern lassen.

Ungleich wirksamer sind alle Systeme, die umweltgerechtes Ver-

halten auch lukrativ machen: Die Rückgabe von Batterien, von Altöl müßte sich »rentieren«, auch die von Autowracks, von Alu- und Weißblechdosen und so weiter.
Dieses Prinzip ist aber noch viel umfassender zu verstehen. So hat der damalige Präsident der Europäischen Gemeinschaft, Sicco Mansholt, schon 1972 vorgeschlagen, überall dort, wo nebeneinander eine (betriebswirtschaftlich) billige, aber umweltbelastende Lösung und eine (betriebswirtschaftlich) teurere, aber umweltschonende Lösung bestehen, EG-weit das erstgenannte Verfahren zu besteuern, aus dem Ertrag der Steuer das zweitgenannte Verfahren zu subventionieren, und zwar in einem so hohen Ausmaß, daß eine positive Kostendifferenz zugunsten der umweltfreundlichen Lösung verbleibt. Es wäre durchaus mit den GATT-Regeln konform, mit dieser Steuer auch jene Importwaren zu belegen, die nicht nachweislich nach dem umweltschonenderen Verfahren hergestellt wurden.
Ein Beispiel für Hunderte: Die von der Forstwirtschaft derzeit verwendeten mineralischen Kettensägeöle belasten die Waldböden schwer und gefährden das Grundwasser; sie enthalten Gifte, die sich in Jahrzehnten nicht abbauen. Nun sind jedoch bereits biologische, aber teurere Kettensägeöle auf Rapsbasis auf dem Markt, die sich innerhalb weniger Tage abbauen. Die Bundesforste und die Gemeinde Wien sind schon auf diese neuen Öle übergegangen; für die unzähligen anderen Forstbetriebe aber, die ohnehin – auch durch das Waldsterben – unter starkem Kostendruck stehen, muß das Umsteigen lukrativ gemacht werden.
Nur höchst ungern nehmen wir zur Kenntnis, daß wir selbst die Verursacher der Umweltproblematik sind – teils direkt durch unser persönliches Verhalten, teils indirekt durch den Wunsch, möglichst kostengünstig zu konsumieren : der »kluge« Autofahrer hat noch rasch vor Einführung der Kat-Pflicht ein Auto ohne Katalysator gekauft. Im Gegenteil: Breite Kreise sehen im sogenannten »Verursacherprinzip« einen bequemen Weg, irgendwo einen reichen Onkel zu finden, der erstens an der Umweltmisere schuld ist und zweitens aus seiner Brieftasche seufzend die Kosten der Sanierung übernimmt.
Diesen reichen Onkel gibt es nicht. Das Verursacherprinzip ist

selbstverständlich zu bejahen; es ist aber nur ein Grundsatz der Kostenrechnung, demzufolge Umweltkosten dort zugerechnet werden sollen, wo sie verursacht werden. Der reiche Onkel sind wir aber stets selbst. Im Falle der Verstaatlichten Industrie wird dies unmittelbar deutlich: Die Kosten für (entsprechend wirksame) Umweltmaßnahmen erhöhen einfach jenen Betrag, den der Steuerzahler jährlich zuschießen muß. Aber auch in der Privatwirtschaft ist es klar, daß Kostenerhöhungen in irgendeiner Weise aufgefangen werden müssen, und sei es nur dadurch, daß sie gegen (durch Rationalisierungsmaßnahmen möglich gewordene) Preissenkungen aufgerechnet werden, die Preise der betreffenden Erzeugnisse also nicht in jenem Ausmaß gesenkt werden, wie dies aufgrund von Rationalisierungen ohne Umweltschutzmaßnahmen vielleicht möglich wäre.

Oft ist aber das Verursacherprinzip nicht anwendbar, insbesondere dann, wenn die Umweltschäden aus dem Ausland kommen (saurer Regen) oder wenn der Verursacher nicht mehr eruiert werden kann (Altdeponien). In diesen Fällen muß ohnehin das »Gemeinlastprinzip« angewendet werden, demzufolge wir alle die Kosten der Sanierung gemeinsam aufbringen müssen.

Schön und gut, wird argumentiert, aber ein kleines Land wie Österreich hat doch keine Chance zum Alleingang. Warten wir doch ab, bis unsere Konkurrenzländer teure Umweltschutzmaßnahmen treffen, erfreuen wir uns dann noch eine Zeitlang der für uns günstigen Kostendifferenz und ziehen dann allenfalls nach. Diese Thesen sind, obschon allgemein verbreitet, in dreifacher Hinsicht falsch.

Erstens sind innerhalb der EG-Länder einsichtige Politiker verzweifelt bemüht, Überlebensfragen vor Tagesfragen Vorrang einzuräumen, und sie wären glücklich, wenn auch ein umweltbewußtes Österreich, ob EG-Mitglied oder nicht, dieses Bestreben unterstützte.

Zweitens sind die Möglichkeiten eigenständiger nationaler Politik ungleich größer, als oft aus Bequemlichkeit eingestanden wird. In manchen Umwelt-Aktivitäten ist uns die Bundesrepublik Deutschland voraus, in manchen die Schweiz – wir haben zum Beispiel die Katalysator-Pflicht zeitlich vorgezogen. Es ist also durchaus mög-

lich, auch in anderer Hinsicht autonom mit gutem Beispiel voranzugehen.
Drittens aber ist Umwelt auch in unmittelbarer ökonomischer Hinsicht unser wichtigstes Kapital; der in den kommenden Jahren sicherlich noch weiter zunehmende Fremdenverkehr wird sich vornehmlich jenen Ländern zuwenden, in denen die Umwelt mehr in Ordnung ist als in anderen.
Aber auch Umweltpolitik als solche ist in einem größeren Zusammenhang zu sehen. Ein Beispiel: Die Einführung des Katalysators mag als positive Maßnahme verbucht werden; sie tangiert aber nicht das Volumen des Autoverkehrs. Auf einer nächsthöheren Ebene könnte über eine günstigere Verteilung Schiene/Straße nachgedacht werden, mit dem Ziel einer Verlagerung vieler Transporte von der Straße auf die (weniger umwelt- und energieintensive) Schiene. Wieder auf einer höheren Ebene könnte darüber nachgedacht werden, durch welche anzustrebenden Wohn- und Siedlungsformen das Verkehrsaufkommen überhaupt reduziert werden kann; wie im nächsten Abschnitt noch zu diskutieren sein wird, erfolgt ein erheblicher Teil des Verkehrs ja nicht zum Vergnügen, sondern stellt einen unerfreulichen Kostenfaktor dar.
Ein weiterer Grund, warum wir in der Umweltpolitik so ins Hintertreffen geraten sind, liegt darin, daß das politische System der westlichen Demokratien auf diese Herausforderungen nicht ausgerichtet ist; daß zentralgelenkte Wirtschaftsformen die Umweltproblematik noch viel schlechter in den Griff bekommen haben, sei kein Trost. »Umwelt« stellte lange Zeit hindurch keinen Kompetenz-Tatbestand dar. Österreich ist keineswegs Schlußlicht, auch wenn es erst seit 1983 ein Umweltministerium und erst seit 1986 einen Umweltausschuß im Parlament gibt.
Vor allem aber, und dies ist vielleicht noch entscheidender, entzieht sich Umweltpolitik einer eindeutigen kompetenzmäßigen Einordnungsmöglichkeit, wie z.B. die Verwaltung von Kulturinstituten oder die Ausstellung von Reisepässen, die dem einen oder anderen Ressort zugeordnet werden können. Umweltpolitik ist eine Notwendigkeit, die praktisch alle Ressorts durchzieht.
Wie sehr diesbezüglich die klassische Ministerverantwortlichkeit überholt ist, hat Alexander King, der Nachfolger des legendären

Aurelio Peccei als Sprecher des Club of Rome, in die Worte zusammengefaßt: Kein modernes Unternehmen könne existieren, wenn es nicht neben Linie auch Stab hätte und wenn es keine (zumindest) mittelfristige Planung betriebe; nur unsere westlichen Demokratien glauben noch, ohne beides auszukommen.
Ich habe daher, wie erwähnt, schon vor den Nationalratswahlen 1986 vorgeschlagen, Umweltpolitik unter einem Kanzleramtsminister im Bundeskanzleramt zu konzentrieren, gemeinsam mit Grundsatz- und Langfristpolitik, und durch die unmittelbare Unterordnung unter den Bundeskanzler die erforderliche steuernde Verbindung mit allen betroffenen Ressorts sicherzustellen. Auch die Weltkommission für Umwelt und Entwicklung hat es als die zentrale Herausforderung für die kommenden Jahre bezeichnet, ökologische Aspekte überall von allem Anfang an in ökonomische Entscheidungsprozesse einzubeziehen.
Auch wenn dieser Gedanke, der eine Weiterentwicklung unserer derzeitigen Verfassung darstellen würde, (noch) nicht realisiert ist, so verdient doch gerechterweise festgehalten zu werden, daß in Österreich in jüngster Zeit auf dem Gebiet der Umweltgesetzgebung außerordentlich viel geleistet wurde. In den ersten eineinhalb Jahren der Koalitionsregierung wurden das Chemikaliengesetz, das Sonderabfallgesetz, das Smogalarmgesetz, ein Luftreinhaltegesetz für Kesselanlagen beschlossen sowie das Forstgesetz und die Gewerbeordnung entsprechend novelliert. Aber auch auf freiwilliger Basis ist viel geschehen: Die Vereinigung Österreichischer Industrieller hat ein »Umweltforum« gegründet, die Papierindustrie, aber auch viele andere Industriezweige haben, ohne hiezu gesetzlich verpflichtet zu sein, wesentliche Umweltvorhaben realisiert, bei denen sich überdies oft nach Durchführung herausgestellt hat, daß sie auch betriebswirtschaftlich positiv zu Buche schlagen.
Es bleibt noch ein Faktor zu diskutieren, der Umweltpolitik so schwierig macht. Die Vertreter der alten Denkweise fragen gerne mit frommem Augenaufschlag: Könnt ihr beweisen, daß Fluor-Chlor-Kohlenwasserstoffe das Ozonloch verursachen, daß Kernkraftwerke Krebs fördern, daß das Robbensterben durch die Vergiftung der Nordsee bedingt ist? Es wäre doch unvernünftig, teure

Maßnahmen zu treffen, solange diese Beweise nicht schlüssig vorliegen.
Wollten wir in allen Fragen, in denen die Wissenschaft noch keine derartigen schlüssigen Beweise vorlegen kann, zuwarten, bis diese Beweise auf dem Tisch liegen, wäre es für wirksame Maßnahmen einfach zu spät. Die richtige Strategie ist vielmehr jene, für die der Wiener Physiker Hans Peter Aubauer die Bezeichnung »in dubio pro securitate« geprägt hat: Wenn wir nicht wissen, welche Ursache zu wieviel Prozent woran schuld ist, sollte unser Bestreben dahin gehen, jede denkbare Ursache maximal zu reduzieren; schlimmstenfalls hätten wir dann irgendwo des Guten vielleicht ein bißchen zuviel getan – eine Gefahr, die in der Realität wohl kaum gegeben sein dürfte.
Zusammenfassend: Der Megatrend der ökologischen Entwicklung stellt keine Weichenstellung dar; er ist unerbittlich vorgezeichnet. Wir befinden uns, was die dringend und unbedingt erforderliche Umpolung unseres Wirtschaftssystems betrifft, in einem Wettlauf mit der Zeit. Die Frage ist nicht, welchen Weg wir gehen sollen, sondern ob es uns noch gelingt, unsere eigenen Lebensgrundlagen zu erhalten. Hiezu sollte uns keine Anstrengung zu groß sein.

4 Energie »entschwenden«

Kraftwerke, Autobahnen und Verkehrsleistungen stellen keinen Wert an sich dar, sondern einen volkswirtschaftlichen Kostenfaktor — mit einem je geringeren Einsatz an Rohstoffen und Energie eine Volkswirtschaft produziert, umso günstiger ist sie dran. Es geht nicht darum, den Gürtel enger zu schnallen, sondern überflüssige Kosten zu vermeiden.

In der traditionellen Sichtweise besteht das Energieproblem darin, daß wir zuwenig Energie haben, um alle unsere gegenwärtigen und zukünftigen Wünsche befriedigen zu können. Demgegenüber hat Peter Chapman rundweg behauptet: Wir haben zuviel Energie!

Was ist damit gemeint?

In den letzten dreißig Jahren hat die Menschheit mehr Energie freigesetzt als in ihrer gesamten vorherigen Geschichte; die uneingeschränkte Industrialisierung und Energiefreisetzung hat zu noch nie dagewesenen Eingriffen in den Haushalt der Natur geführt; die Vergiftung der Ozeane, das Sterben der Wälder und der beginnende »Glashauseffekt« stellen nur die Spitze eines Eisberges dar, von dessen Ausmaß wir noch gar keine richtige Vorstellung haben. Die Lösung des Energieproblems muß daher, wenn wir überleben wollen, in einer Reduktion der Energieproduktion bestehen.

Die Gegenüberstellung dieser beiden Sichtweisen ist keineswegs nur eine theoretische; sie hat eminente praktische Auswirkungen. Nicht nur in Österreich ging die Energiepolitik bisher stets davon aus, daß der zukünftige Bedarf als schicksalhaft vorgegeben betrachtet wurde (z. B.: »Der Strombedarf steigt jährlich um 7 Prozent«) und dann analysiert wurde, auf welche Weise dieser – offenbar gottgewollte – Bedarf wohl befriedigt werden könne. Tatsächlich müßte die Grundfrage der Energiepolitik aber anders lauten: Wie können wir ein bestimmtes Wohlstandsniveau mit möglichst geringem Energieeinsatz erreichen? In zweiter Linie kommt dann die Frage hinzu: Inwieweit können hiebei umweltbelastende

durch weniger umweltbelastende Energieträger, ausländische durch inländische ersetzt werden?
Es besteht nämlich ein entscheidender Unterschied zwischen Energieeinsatz und Energienutzen; es geht nicht um vermehrten Einsatz von Energie, sondern um hohen Energienutzen bei möglichst geringem Energieeinsatz. Was wir haben wollen, sind nicht Kilowattstunden, sondern ein angenehmes Leben. In diesem Sinne stellen also Kraftwerke und Überlandleitungen (in betriebswirtschaftlicher wie in volkswirtschaftlicher Sicht) eigentlich Kosten dar; und wenn es uns gelingt, diese Kosten zu vermeiden, so stehen die dafür vorgesehenen Investitionsbeträge für andere Zwecke zur Verfügung, die vielleicht einen höheren Nutzen, einen höheren inlandswirksamen Beschäftigungseffekt aufweisen.
Es geht also darum, den Nutzen, den wir aus dem Einsatz von Energie ziehen, also die »Energiedienstleistung«, so zu erhöhen, daß hiebei der Energieeinsatz verringert wird. Das deutsche Wort »sparen« ist dabei etwas irreführend. Es geht nicht darum, mit entsagungsvollem Blick den Gürtel enger zu schnallen; es geht vielmehr darum, Energie klüger einzusetzen, zu »entschwenden«, wie der österreichische Energiefachmann Norbert Weyss gesagt hat – es geht um die Vermeidung von Verschwendung.
Dies kann auf mehreren Ebenen geschehen. Zunächst unmittelbar, wenn unsere gesamte produzierende Wirtschaft immer mehr energiesparendere Verfahren und Anlagen einsetzt. So bringt die Leykam Mürztaler Papier- und Zellstoffabrik heute schon über 90 Prozent des Energiebedarfes im Unternehmen selbst auf, durch Verbrennung der in der Zellstoffproduktion anfallenden eingedampften Ablauge und durch Verfeuerung von Rinde in einem Wirbelschichtkessel, dem in Zukunft auch entwässerter Klärschlamm als Brennstoff dienen könnte. Der Energiebedarf der Haushalte läßt sich durch bessere Abdichtung der Fenster, generell durch bessere Wärmedämmung, durch Verbesserung der verwendeten Heizsysteme, fühlbar reduzieren.
In dem Maße, in welchem die ohnehin notwendige strukturelle Verbesserung der österreichischen Wirtschaft von energieintensiver Grundstoffindustrie zu weniger energieintensiver Finalindustrie zügig vorangetrieben wird, sinkt der Energieverbrauch selbst

dann, wenn es in den einzelnen Produktionsbereichen zu keinen spezifischen Verbesserungen käme. Die Grundstoffindustrien verbrauchen in Österreich rund drei Viertel des gesamten Energieeinsatzes, beschäftigen aber weniger als ein Viertel aller in der Industrie Tätigen. So hat sich schon in den letzten zwanzig Jahren der spezifische Energieverbrauch der österreichischen Industrie, also die pro Wertschöpfungseinheit aufzuwendende Energiemenge, halbiert!

Auf einer weiteren Ebene liegen die Einsparmöglichkeiten, die durch einen sinnvolleren Einsatz von Primärenergieträgern erzielt werden können. So ist es vom energetischen Standpunkt aus nicht sinnvoll, Strom zu Heizzwecken zu verwenden; im Winter, wenn der Heizbedarf am größten ist, ist die Leistung von Wasserkraftwerken am geringsten, muß also der größte Teil der Stromerzeugung aus kalorischen Kraftwerken bereitgestellt werden. Die weitverbreitete Meinung, wir müßten unsere Wasserkräfte weiter ausbauen, um kalorische Kraftwerke schließen zu können, ist falsch. Wie die Statistiken der letzten vierzig Jahre eindeutig beweisen, hat jedes neu in Betrieb genommene Laufkraftwerk nicht etwa ein Wärmekraftwerk erspart, sondern vielmehr ein weiteres kalorisches Kraftwerk erfordert – einfach, weil bei zunehmendem Stromverbrauch auch das »Winterloch« entsprechend größer wurde.

Kalorische Kraftwerke haben aber nur einen Wirkungsgrad von rund 33 Prozent. Pointiert formuliert: zwei Drittel der in Dürnrohr verbrannten Kohle dienen nicht der Stromproduktion, sondern der Aufheizung der Donau. Einen sinnvollen Ausweg würde die systematische Kraft-Wärme-Koppelung darstellen, also die gleichzeitige Erzeugung von Wärme und Strom, wodurch der Wirkungsgrad von 33 Prozent auf bis zu 90 Prozent gesteigert werden könnte. Eine solche ist allerdings bei Großkraftwerken kaum möglich, sondern eher in Form von sogenannten Blockheizkraftwerken sinnvoll, wobei die entstehende Wärme vornehmlich zur Nahversorgung von Wohnvierteln oder öffentlichen Gebäuden eingesetzt wird. Als Brennstoff derartiger Blockheizkraftwerke kann in Zukunft auch in zunehmendem Maß Biomasse Eingang finden.

Unter den Begriff »Biomasse« fällt verschiedenerlei: So könnte durch eine bessere Durchforstung sowie durch Verwendung von heute im Wald zurückbleibendem Schwachholz der Anteil des Holzes zur Energieversorgung beträchtlich erhöht werden. 20 Prozent des in Österreich anfallenden Strohs werden heute noch auf den Feldern verbrannt. Tierische Abfälle, industrielle und kommunale Abwässer könnten zur Biogasproduktion herangezogen werden, und auch der Hausmüll hat einen beträchtlichen Heizwert. Jede im Inland aufgebrachte Tonne Primärenergieträger erspart uns den äquivalenten Import, müßte also wirtschaftlich anders beurteilt werden, weil Kaufkraft nicht abfließt, sondern im Inland verbleibt.

Die Österreichische Gesellschaft für Ökologie hat vor einiger Zeit eine systematische, eher noch vorsichtige Abschätzung des Potentials vorgenommen, das in einer gezielten Energiepolitik stecken würde. Sie ist hiebei von der Annahme ausgegangen, daß sich bis zum Jahre 2030 die Wertschöpfung unserer Industrie verdoppelt, die beheizte Wohnfläche um 20 Prozent und die Autoverkehrsleistung um 16 Prozent steigen. Eine gezielte Energiepolitik vorausgesetzt, ließe sich dieser im Vergleich zu heute höhere Wohlstand mit einem um 27 Prozent niedrigerem Energieeinsatz (und einem sogar um 30 Prozent niedrigerem Einsatz elektrischer Energie) erzielen! Quasi als Nebenprodukt ergibt sich, daß demnach der Bau weiterer Kraftwerke in Österreich gar nicht erforderlich ist, die hiefür aufzuwendenden Gelder vielmehr sinnvoller anderen Zwecken zugeführt werden könnten, z. B. einer Sanierung der Altdeponien. Diese Aufträge kämen sogar derselben Branche, nämlich der Bauwirtschaft, zugute. Die Hauptvorteile einer derartigen Energiepolitik lägen in einer deutlichen Verbesserung der Umweltsituation, einer Verringerung der energetischen Auslandsabhängigkeit (laut Studie von 60 auf 20 Prozent), in der Schaffung und Sicherung zusätzlicher Arbeitsplätze in den Finalindustrien und in einer geringeren Krisenanfälligkeit der Versorgung durch dezentrale Nutzung heimischer Energieträger.

Die beiden Zielrichtungen der Energiepolitik lassen sich durch ein Beispiel veranschaulichen: Wenn in einer Badewanne der

Wasserspiegel zu niedrig ist, weil der Abfluß undicht ist und der Zufluß nicht ausreicht, die gewünschte Wasserhöhe zu erreichen, so kann ich entweder den Hahn stärker aufdrehen oder aber den Stöpsel dichten. Den Hahn aufdrehen – also immer weitere Kraftwerke bauen – erscheint elegant. Den Stöpsel zu dichten erscheint vergleichsweise viel undankbarer.

In der Energiepolitik ist es in den letzten zwanzig Jahren in immer breiteren Kreisen der Bevölkerung zu einem Umdenken gekommen. Der schöne Satz »Jeder Fortschritt hat seinen Preis« wird heute andersherum verstanden. Es ist nicht mehr so, daß zugunsten eines immer fragwürdigeren Fortschritts jeder beliebige Preis achselzuckend in Kauf genommen wird, sondern es wird zuerst nach dem Preis gefragt und der »Fortschritt« von seinem Preis her beurteilt. Was ist überhaupt »Fortschritt«? Wohin schreiten wir fort? Oder wovon schreiten wir fort, immer weiter fort?

Das Umdenken in der Beurteilung von Kraftwerksbauten kann aber auch mit handfesten ökonomischen Gründen erklärt werden.

Solange Österreich knapp an Strom und reich an Naturschönheiten war, war es in unmittelbarer ökonomischer Sichtweise richtig, auf Teile der Natur zu verzichten, um Strom zu erzeugen. Wenn aber, wie heute, Natur schon sehr rar geworden ist, wir aber in der Energiepolitik reichlich Möglichkeiten haben, unser Augenmerk statt auf ein weiteres Aufdrehen des Hahnes dem effizienteren Einsatz, der Vermeidung von unnötigen Verschwendungen, zuzuwenden, dann erfordert schon ein rein ökonomischer Vergleich der Knappheitsrelationen eine ungleich höhere relative Bewertung der knapp gewordenen Natur.

Den Hahn stärker aufzudrehen, statt den Stöpsel verbessern, ist aber in dreifacher Hinsicht falsch.

Erstens in unmittelbarer ökonomischer Hinsicht. Wie alle internationalen Erfahrungen zeigen, von der Tennessee Valley Authority angefangen, liefert eine bestimmte Investitionssumme, die zur Effizienzsteigerung, zur Vermeidung von Verlusten, eingesetzt wird, eine weit höhere Rendite, in Geld wie in Energie gemessen, als wenn dieselbe Summe für Kraftwerksbauten verwendet wird. Hier besteht kein Gegensatz zwischen Ökologie und Ökonomie.

Das ökologisch Wünschenswerte ist auch das nach traditionellen betriebswirtschaftlichen Kriterien ungleich Ökonomischere. Diese Erkenntnis erfordert nichts als ein Öffnen der Augen gegenüber im Ausland bereits längst gemachten Erfahrungen und die Bereitschaft, eingelernte Vorurteile zu überwinden.
Zweitens verringert eine solche »downstream policy«, wie dies in der einschlägigen Literatur genannt wird, quasi als automatischer Nebeneffekt die ökologische Problematik. Wenn ich nur weniger Energie durchzusetzen brauche, um denselben Energienutzen zu erzielen, habe ich im selben Ausmaß weniger energiebedingten Schadstoffanfall oder weniger Eingriffe in die Natur.
Drittens aber – und dies wird meist übersehen – bindet eine Ausrichtung auf das weitere Aufdrehen des Hahnes Kräfte, die für die erforderlichen Anstrengungen hinsichtlich einer Verringerung des Abflusses dann fehlen. Eine vorhandene Milliarde kann nur für das eine oder für das andere verwendet werden. Es ist nicht so, wie immer wieder treuherzig versichert wird: Der gedankenlose Weiterbau eines Kraftwerkes nach dem anderen schließt ja nicht aus, daß gleichzeitig auch Maßnahmen zur effizienteren Energienutzung getroffen werden. – Diese Maßnahmen werden vielmehr gerade deshalb nicht getroffen, weil die Energiepolitik in unseren Ländern einseitig auf Kraftwerksbau konzentriert ist.
Langfristig gesehen, gibt es gerade für den Energiebereich etwas, was es in vielen anderen Bereichen nicht gibt, nämlich ein Patentrezept, und zwar die Verwendung von Energie, die unmittelbar aus dem natürlichen Energiekreislauf stammt, vornehmlich also Sonnenenergie in fast allen ihren Erscheinungsformen. Jede Freisetzung gebundener Energie, also jede Verbrennung fossiler Rohstoffe, aber auch die Freisetzung von Kernenergie, bedeutet eine einseitige Beeinflussung der Gesamt-Energiebilanz Sonne–Erde–Sonne. Wird aber Sonnenenergie (d. h., auch Windenergie oder Energie des fließenden Wassers) genutzt, so bedeutet dies eine vorübergehende Abzweigung von ohnehin eingestrahlter Energie, deren Nutzung und schließliche Degradierung zu Wärme, also keine Veränderung der Gesamtbilanz.
In umfassenden Studien haben Jerome Weingart in globalem Maßstab, Norbert Weyss für Österreich und für Schweden das Se-

kretariat für Zukunftsstudien nachgewiesen, daß eine ausschließlich hydrosolare Energiezukunft auf einem ungleich höheren Energieniveau als heute möglich ist, nicht teurer kommt als jede denkbare Alternative und keinerlei Beschränkungen unterworfen ist – alle erforderlichen Rohstoffe sind in genügender Menge vorhanden, aber auch der Landbedarf kann durch das verfügbare Brachland ohne Schwierigkeit abgedeckt werden. In einer ersten Phase ist hiebei an eine Stromerzeugung nach dem Turm-Prinzip, in einer zweiten Phase unter Nutzung der Photovoltaik gedacht. Sonnenenergie, insbesondere in sinnvoller Abstimmung mit Wasserkraft, ist sauber, frei von Schadstoffen jeglicher Art, ungefährlich, steht jedem Land der Erde frei zur Verfügung, gewährleistet also Unabhängigkeit vom Ausland. Ihre Nutzung bedeutet größere Chancen für die heimische Wirtschaft, also ungleich höhere inlandswirksame Beschäftigung.

Hydrosolare Energieerzeugung ist die einzige, bei der sich das Problem der »Thermal Pollution«, der Überwärmung der Biosphäre, nicht stellt, und man kann weder mit Sonnenenergie noch gegen Sonnenenergie Krieg führen. Vielleicht liegt hierin der Hauptgrund, warum sich bisher noch keine Sonnen-Lobby gefunden hat, die mit der Atom- und der Öl-Lobby auch nur annähernd mithalten könnte.

Eine Übergangsperiode von dreißig Jahren böte uns genug Gelegenheit, den Mix unserer Energiestruktur neueren Erkenntnissen anzupassen. Selbst wenn die Kilowattstunde der ersten Sonnenkraftwerke wirklich teurer wäre als die von Atomkraftwerken oder Kohlekraftwerken – wenn wir Gefahren und Umweltschäden mit ins Kalkül ziehen, ist Sonnenenergie konkurrenzlos kostengünstig. Wenn wir von den nackten Gestehungskosten ab Kraftwerk ausgehen und alle Folgekosten und -schäden vergessen, betrügen wir uns selbst.

Das oft gehörte Gegenargument: Unser westliches Wirtschaftssystem ist nun einmal auf Selbstbetrug aufgebaut. Solange es die Marktpreise nicht anzeigen, bleibt es bei den traditionellen Kraftwerken, und die Sonnenenergie hat keine Chance.

So hilflos ist aber selbst eine Marktwirtschaft nicht. Wir bejahen es, wenn der Staat in die Preisstruktur eingreift – wenn Alkohol und Tabak hoch besteuert und die Produkte von Bergbauern hoch subventioniert werden. Gerade Energiepreise sind keine Marktpreise, sondern schon jetzt höchst unterschiedlicher Besteuerung ausgesetzt. Es bedürfte also überhaupt keiner neuen Lenkungsmechanismen, sondern nur einer anders gearteten Handhabung bestehender Mechanismen, durch entsprechende Steuern auf der einen Seite, Subventionen auf der anderen Seite, um eine erwünschte Energiestruktur von morgen marktwirtschaftlich lukrativ werden zu lassen.

Im Gegensatz zu diesen Überlegungen halten aber auch heute noch mehrere Länder, in Europa vor allem die UdSSR und Frankreich, am weiteren Ausbau ihres Potentials an Atomkraftwerken fest, obwohl alle vernunftmäßigen Überlegungen gegen eine weitere Nutzung der Kernenergie und dafür sprechen, so rasch wie möglich aus diesem unglückseligen Irrweg der Menschheitsgeschichte herauszukommen. Wieso ist dies, trotz Tschernobyl, immer noch so schwierig?

Die Antwort liegt auf zwei Ebenen.

Auf der vordergründigen Ebene sind es einfach »vested interests« – zu viele Leute, Institutionen, sind auf Atomenergie ausgerichtet, sind von ihr abhängig. Wie man einem Scharfrichter nicht verargen kann, wenn er gegen die Abschaffung der Todesstrafe eintritt, weil er sich dann einen anderen Beruf suchen müßte, ist es verständlich, daß die Atom-Lobby ungern auf Sonnenenergie umlernt. Auch erfordert es eine gewisse geistige Größe zuzugeben, daß man auf die falsche Karte gesetzt hat.

Der eigentliche Grund liegt aber tiefer. Es ist der uralte prometheische Traum des Menschen, es den Göttern gleichzutun, sich über die Beschränktheiten des irdischen Daseins zu erheben. Die Manifestationen dieses Traumes ziehen sich von der Cheopspyramide über die Reichskanzlei bis zu den Kühltürmen der Atomkraftwerke und zu den Visionen von Fusionsreaktoren in Einheiten von 50000 Megawatt. Im Falle der Atomenergie wird dieser Traum noch verstärkt durch die magische Faszination ungeheurer Energiemengen in ungeheuer kleinen Teilchen. Jeder von uns erlebt ein Stückchen dieses Traumes, wenn er auf das Gaspedal seines Autos tritt.

Es ist also in der Energiepolitik nicht anders als in vielen anderen Bereichen: Nicht die Vernunft entscheidet, sondern Kräfte unseres Unbewußten. Aber der Mensch ist lernfähig; meist sind es Katastrophen wie die von Tschernobyl, die den Lernprozeß beschleunigen. Hoffen wir, daß die Zunahme der Erkenntnis rascher fortschreitet als die Zunahme der irreversiblen Schäden.

Die Energieproblematik ist jedoch auch untrennbar mit der Verkehrsproblematik verbunden, entfällt doch ein erheblicher Teil des Gesamtenergiebedarfes auf Verkehrsleistungen. Wie für die Energiepolitik als solche, ist auch in der Verkehrspolitik die Grundfrage zu stellen, ob die beobachtbaren Zuwachsraten als gottgewollt hinzunehmen sind, buchstäblich »ohne Rücksicht auf Verluste«.

Es ist also wieder die Vorfrage zu stellen, ob eine Zunahme des Verkehrsaufkommens grundsätzlich als erstrebenswert anzusehen ist.

Wenn für viele wirtschaftliche Aktivitäten des Menschen gilt, daß sie nicht Selbstzweck darstellen, sondern nur Mittel zum Zweck, so gilt dies in besonderem Maße auch für weite Bereiche des Verkehrs. Eine Radtour durch ein Erholungsgebiet, eine Bummelfahrt mit der Semmeringbahn, eine Luxuskreuzfahrt sind Selbstzweck, tragen also unmittelbar zu unserer Wohlfahrt bei. Fahrten zur Arbeitsstätte, der Transport von Gütern aller Art sind jedoch nur Mittel zum Zweck. Wären alle Arbeitsstätten doppelt so weit vom Wohnort entfernt, müßten wir also doppelt so weit fahren, um zur Arbeit zu gelangen, so würde das Sozialprodukt steigen, da der Beitrag des Verkehrssektors zum Sozialprodukt gestiegen ist; unsere Wohlfahrt würde aber sinken.

Untersuchungen haben ergeben, daß sonderbarerweise der Zeitaufwand, den der Mensch auf (derartige unfreiwillige) Verkehrsleistungen aufwendet, über die Jahrhunderte hinweg konstant geblieben ist. In früheren Zeiten benötigte der Bauer insgesamt gleich viel Zeit, um vom Hof auf seine Felder zu gelangen, wie heute der im Vorort wohnende Angestellte braucht, um mit seinem Auto ins Büro zu kommen.

Diesbezüglich zeichnet sich aber gerade durch die technischen

Möglichkeiten der Informationsgesellschaft eine Wende ab: Durch die neuen Hilfsmittel, Terminals etwa, wird es in zunehmendem Maße möglich, Tätigkeiten dezentral auszuüben, die bisher eine Ortsveränderung erforderten. Während die Technisierung früher eine Zunahme der Verkehrsleistungen erforderte, wird die weitere Technisierung eine Abnahme ermöglichen!
Wenn diese Abnahme jenen Teil des Verkehrs betrifft, der nicht unmittelbar, sondern nur mittelbar unserer Wohlfahrt dient, bedeutet sie eine Verringerung von (betriebswirtschaftlichen oder volkswirtschaftlichen) Kosten und muß daher als positiv angesehen werden.
Insbesondere die volkswirtschaftlichen Kosten sind es, die gerne übersehen werden. Wohin eine perfekte verkehrsmäßige »Erschließung« führt, wird uns anhand des Schicksals des Inntales drastisch vor Augen geführt. Tag und Nacht donnern Hunderte von Schwerlastern durch Tirol, die Wälder gehen immer rascher zugrunde, und die Bevölkerung ist in ihren Lebensgrundlagen betroffen.
Es wird nämlich übersehen, daß eine Durchzugsstraße, je bequemer sie für den Benützer ist, desto mehr Verkehrsaufkommen anzieht, ja es geradezu verursacht. Hier liegt die Tragik der Verkehrspolitik: Für jedes einzelne Projekt lassen sich durchaus triftige Gründe angeben, warum gerade dort das dringend noch fehlende Teilstück einer Autobahn, die dringend notwendige Umfahrung eines Ortes eine wesentliche Erleichterung für die unmittelbar betroffene Bevölkerung darstellt. Die Summierung aller Straßenbauvorhaben, deren jedes, für sich allein genommen, durchaus vernünftig erscheint, muß aber dazu führen, daß in absehbarer Zeit ganz Österreich zu einem einzigen Inntal würde, zu einer Giftsammelstelle für den europäischen Durchzugsverkehr.
Wenn wir aber nicht wollen, daß Österreich im europäischen Durchzugsverkehr erstickt, wäre es dringend an der Zeit, im Rahmen eines Gesamtverkehrskonzeptes eine maximale Verlagerung des Verkehrs von der Straße auf die Schiene anzustreben, deren spezifische Umweltbelastung eine ungleich geringere ist. Dies gilt sicher auch für den Personenverkehr, insbesondere aber

für Schwertransporte. Hier liegt ein riesiger Nachholbedarf der Bahnverwaltungen vor, dem nicht nur durch Verbesserung der technischen Attraktivität, sondern insbesondere durch Verbesserungen der organisatorischen Attraktivität entsprochen werden kann: Wenn ein Transport mit der Schiene eine Woche dauert, mit dem LKW aber einen Tag, dann ist die Bahn auch dann nicht konkurrenzfähig, wenn durch technische Großbauten die betreffende Bahnstrecke verkürzt oder wenn durch neue Lokomotiven die Fahrt beschleunigt wird.

Im Frachtverkehr geht es also vor allem um die Erleichterung der Be- und Entladung (bzw. Abholung und Zustellung) und um den Wegfall unnötiger Stehzeiten während des Transportes selbst. Im Personenverkehr geht es um die Verringerung der Gesamtreisezeit Haus–Haus, nicht jedoch um die Beschleunigung einzelner Streckenabschnitte. Diesbezüglich ist die Schweizer Bundesbahn vorbildlich: Durch die Schaffung eines integrierten Taktfahrplanes, der die Regionalzüge systematisch mit den Schnellzügen abstimmt, ist es gelungen, der Bahn Flächendeckung zu verschaffen! Man fährt von seinem Häuschen mit einem individuellen Verkehrsmittel – z. B. mit dem eigenen PKW oder mit dem Fahrrad – zum nächsten Regionalbahnhof, mit dem Regionalzug zur nächsten Schnellzugstation, wo man wenige Minuten nach Ankunft den Schnellzug besteigen kann.

In diesem Sinne ist es irreführend, Nebenbahnen als unrentabel zu bezeichnen: Sie sind meist nur dadurch unrentabel, daß sie nicht in einen integrierten Taktfahrplan eingebunden sind! Im Gegenteil: Eine Aufwertung der Attraktivität der Nebenbahnen hat dann auch eine bessere Auslastung der Schnellzugstrecken zur Folge! Eine systemische Analyse kommt demnach zu ganz anderen, und zwar positiven Ergebnissen bei der Beurteilung der Rentabilität, als die isolierte Betrachtung einer Nebenstrecke, auf welcher derzeit vielleicht dreimal am Tag ein trostloser Bummelzug verkehrt.

Für die anzustrebende Verlagerung von der Straße auf die Schiene gibt es kein Patentrezept; es ist vielmehr jede Einzelmaßnahme zu begrüßen, die dem angestrebten Ziel dient. Zuckerbrot oder Peitsche: Maßnahmen, die den individuellen Straßenver-

kehr erschweren oder verteuern (Peitsche), oder Maßnahmen, die den öffentlichen Verkehr fördern (Zuckerbrot). Wie bereits erwähnt, ist Zuckerbrot allemal wirksamer als Peitsche. Wir sollten unser Hauptaugenmerk also nicht auf eine Diskriminierung des Individualverkehrs, sondern auf eine Erhöhung der Leistungsfähigkeit und der Attraktivität des öffentlichen Verkehrs richten.
Also: Nicht innerstädtische Umkehrschleifen, die den Autofahrer zu großen Umwegen zwingen (und damit das Verkehrsaufkommen samt Abgasbelastung sogar erhöhen), sondern kürzere Intervalle der öffentlichen Verkehrsmittel. Sind die Intervalle von Straßenbahn und Bus schon untertags zu groß, so lockt etwa der 15-Minuten-Takt der Wiener Straßenbahn in den Abendstunden erst recht keinen Autofahrer vom Lenkrad weg.
Was die Österreichische Bundesbahn betrifft, sei zu ihrer Ehrenrettung festgehalten, daß sie sich derzeit in einem Umdenkprozeß befindet. Im Konzept der »Neuen Bahn« dominiert teilweise noch die alte Denkweise, die in Mammutprojekten, wie etwa dem Semmering-Basistunnel, die Zukunft sieht. Daneben aber setzt sich zunehmend die Erkenntnis durch, daß es nicht darauf ankommt, ob die Nettofahrzeit Wien–Graz zwanzig Minuten länger oder kürzer ist, sondern ob die Bahn hinsichtlich des Brutto-Zeitaufwandes Haus–Haus mit dem Auto konkurrenzfähig wird. Nicht die technische Attraktivität entscheidet, sondern die organisatorische Attraktivität. Hiezu gehören Abholdienste für Personen und Gepäck, gehört die Schaffung von Parkraum an den Bahnhöfen, gehört eine volle Integration von Schnellzugs-, Regionalzugs-, und Autobusfahrplänen, gehören aber auch Ideen, die der Bahn neue Interessentenschichten erschließen können.
Wie dankbar jedes Stückchen Zuckerbrot angenommen wird, hat die Einführung des Autoreisezuges für innerösterreichische Relationen bewiesen, der sich einer hohen Auslastung erfreut. Seit Jahren versuche ich, eine weitere Dienstleistung der ÖBB zu propagieren, die ihr – bei geringem Mehraufwand – eine zusätzliche Interessentenschicht erschließen würde, und zwar den »Hotelwagen«.
Der Hotelwagen unterscheidet sich von einem normalen Schlaf-

wagen dadurch, daß er am Ausgangsbahnhof vom Reisenden zu einem Zeitpunkt seiner Wahl - etwa zwischen 21 und 24 Uhr - betreten werden und am Zielbahnhof wieder innerhalb eines längeren Intervalls - etwa zwischen 7 und 9 Uhr früh - verlassen werden kann. Beispiel: Die Relation Wien-Villach bzw. Villach-Wien. Ein Kärntner, der in Wien zu tun hat, abends noch in ein Theater gehen möchte, aber am nächsten Morgen wieder ausgeruht in Kärnten sein muß, legt sich spätabends in Wien im Hotelwagen zu Bett und kann morgens - in Villach - zum Zeitpunkt seiner Wahl den Zug verlassen und sein weiteres Reiseziel erreichen. Einzig nennenswerte technische Zusatzerfordernis: ein Abstellgleis, analog dem des Autoreisezuges. Zur Abgeltung des zusätzlichen Zeitaufwandes für den Schaffner könnte ein entsprechender Zuschlag zur Schlafwagenkarte eingehoben werden.

Übrigens ist das Verkehrswesen einer jener Bereiche, an denen in besonders anschaulicher Weise klar wird, daß »Megatrends« kein unabänderliches Schicksal darstellen, indem die Entwicklung einer führenden Nation von allen anderen Nationen unausweichlich nachvollzogen werden muß. In den USA haben die Jahrzehnte seit Ende des Zweiten Weltkrieges einen Niedergang des Bahnsystems, insbesondere für den Personenverkehr, gebracht; in Europa hat sich eine ganz andere, wesentlich positivere Entwicklung durchgesetzt. Innerhalb der europäischen Länder gibt es erhebliche Unterschiede. Demnach hat auch Österreich die Wahl, entweder dem Schweizer Vorbild einer Attraktivitätserhöhung der Bahn durch maximale Flächendeckung zu folgen oder dem französischen Vorbild einer einseitigen Ausrichtung auf Hochleistungszüge und Hochleistungsstrecken, auf Kosten einer Entwicklung des übrigen Schienennetzes. Eben - Mitte 1988 - wurde ein Beamtenentwurf eines Gesamtverkehrskonzeptes für Österreich fertiggestellt, womit erstmals eine umfassende Diskussionsgrundlage vorliegt. Damit sind auch für diesen Megatrend die Weichen vorhanden; nun gilt es, sie auch zu stellen.

5 Steuern steuern unseren Weg

Vom Steuersystem gehen signifikante steuernde Rückwirkungen auf das wirtschaftliche Verhalten von Produzenten und Konsumenten aus. Das Steuersystem sollte daher in den Dienst jener wirtschaftlichen und sozialen Zielsetzungen gestellt werden, die wir längerfristig als richtig ansehen. Würden anstelle der menschlichen Arbeit Rohstoffe und Energie besteuert werden, so würde nicht nur die Umweltbelastung, sondern auch die Arbeitslosigkeit sinken.

Die Steuerreform, die 1988 – mit einigen Schwierigkeiten – durchgeführt wurde, ist die größte seit den Zeiten von Raab/Kamitz. Es stand jedoch von Anfang an fest, daß es sich hiebei nur um die erste Etappe einer ungleich umfassenderen Reform handeln sollte, einer Reform, die in der nächsten Legislaturperiode verwirklicht werden könnte. Es erscheint also sinnvoll, über die Grundproblematik Steuern und Steuerreformen auch (und gerade) im gegenwärtigen Zeitpunkt nachzudenken, in welchem ein Reformschritt eben erst gesetzt wurde.
Es soll Bevölkerungsschichten und Zeiten gegeben haben, in denen man stolz darauf war, Steuern zu zahlen, um damit seinen Gemeinschaftssinn unter Beweis zu stellen. Die Anspruchsmentalität des Wohlfahrtsstaates, in die wir uns in den letzten Jahrzehnten nur allzugerne einlullen ließen, hat umgekehrt dazu geführt, daß wir zwar erbost sind, wenn der Staat im Zuge der längst überfälligen, dringend erforderlichen Budgetsanierung etwas weniger freigiebig sein möchte, aber gleichzeitig immer weniger bereit sind, dem Staat das, was wir von ihm wollen, auch in Form von Steuern zu zahlen.
In den 18 Jahren seit 1970, in denen die Staatsverschuldung von 47 Milliarden Schilling auf über 700 Milliarden Schilling anwuchs, sind die Spareinlagen bei Österreichs Banken von 131 Milliarden auf über 900 gestiegen, von allen anderen Formen der Zunahme unserer materiellen Wohlfahrt ganz zu schweigen. Mit anderen Worten: Der Staat machte immer mehr Schulden, um immer mehr von uns mit mehr Einnahmen zu beglücken, als das Sozialprodukt hergibt. Eigentlich machen wir Schulden bei uns selbst.

Die Gelder, die der Staat über uns ausschüttet und die wir frohgemut auf die Bank tragen, mußte er sich bei den Banken ausleihen. Die Zunahme der Sparguthaben der Österreicher ist also nicht nur das Ergebnis unseres Fleißes, sondern auch die positive Kehrseite der hohen Verschuldung des Staates.
Gibt es Wege, ohne Einbuße an Wohlfahrtsleistungen dennoch weniger Steuern zu zahlen?
Ein kurioses Verfahren, bei dem sich viele geradezu drängen, dem Staat ihr gutes Geld zu schenken, ist das Glücksspielmonopol. Je höher die Staatseinnahmen aus „6 aus 45", Toto oder Klassenlotterie, desto stärker die Entlastung des Staatssäckels, bis hin zum Extremfall Monaco, dessen Staatsbürger überhaupt keine Steuer zu zahlen brauchen, weil die Einnahmen aus dem Kasinobetrieb alle Staatsausgaben decken.
Ungleich bedeutsamer sind aber all jene Bereiche, in denen der Staat durch private Initiativen entlastet werden könnte. Nehmen wir als Beispiel die SOS-Kinderdorf-Organisation: Wäre sie eine staatliche Einrichtung, so müßte sie aus unseren Steuergeldern erhalten werden; sie finanziert sich aber aus freiwilligen Beiträgen Hunderttausender Österreicher. In vielen Gemeinden gibt es Krankenhilfsvereine, Heimhilfen, von den seit eh und je bestehenden Freiwilligen Feuerwehren ganz zu schweigen. All diese finanzieren sich aus freiwilligen Spenden und Leistungen. Wäre es nicht denkbar, diesen Weg in den kommenden Jahren konsequent und verstärkt auszubauen, immer weitere Bereiche, die der Staat mehr schlecht als recht (und ziemlich teuer) wahrnimmt, auf Organisationen überschaubarer Größe zu übertragen, die sich aus freiwilligen Beiträgen finanzieren? Im Bereich der Altenbetreuung, des Umweltschutzes, der erweiterten Nachbarschaftshilfe, der Krankenpflege liegt ein schier unbegrenztes Feld vor uns, das Defizit des Staatshaushaltes durch eine Vielzahl derartiger »freiwilliger Steuern« zu reduzieren.
Denn die Zeiten, in denen Steuern vornehmlich für Zwecke der unmittelbaren Hoheitsverwaltung entrichtet wurden, sind endgültig vorbei. Der überwiegende Teil unseres Steueraufkommens dient einer Finanzierung jener Bereiche, die wir aus dem privaten Konsum in den öffentlichen Konsum übertragen haben, ferner

den Kosten dieser Umverteilung sowie dem Stopfen von Löchern in Bereichen, in denen der Staat wirtschaftlich tätig geworden ist. Privater und öffentlicher Konsum: An sich wäre durchaus denkbar, daß unser Schulsystem und der Gesundheitssektor privatwirtschaftlich betrieben werden, wie dies etwa in den USA noch weitgehend der Fall ist. Dies bringt dort Familien mit mehreren Kindern im Hochschulalter oder mit einem langwierig erkrankten Familienmitglied an den Rand des finanziellen Ruins, beläßt aber allen anderen ein höheres Nettoeinkommen in der Tasche.

Wir haben uns demgegenüber entschlossen, beide Bereiche zu sozialisieren, also eine Art Riskenausgleich zu schaffen, indem wir sie aus dem privaten Konsum in den öffentlichen Konsum übertragen haben. Wenn diese Bereiche aber nunmehr aus allgemeinen Steuermitteln finanziert werden, müssen wir uns gefallen lassen, durch unsere Steuerleistung für deren Finanzierung aufzukommen. In den Jahren und Jahrzehnten, die vor uns liegen, wäre jedoch teilweise der umgekehrte Weg denkbar: Wenn wir bestimmte Bereiche wieder selbst in die Hand nehmen – Beispiele wurden schon genannt – so kann der Steuerdruck entsprechend abnehmen. Dies ist selbstredend nicht überall möglich. Ein Beispiel für einen Bereich, der wohl auch weiterhin praktisch nur durch öffentlichen Konsum finanzierbar ist, stellt der Bau und die Erhaltung unseres Straßennetzes dar. Wenn wir einen weiteren Ausbau ohne Maut wünschen, so müssen wir dies eben mit erhöhten Steuern bezahlen.

Wenn wir eine Prognose über die weitere Entwicklung des Verhältnisses privater Konsum–öffentlicher Konsum wagen wollen, so müssen wir mit Betroffenheit feststellen, daß die Anforderungen der Zeit eher in Richtung auf eine Erhöhung des öffentlichen Konsums gehen werden. Insbesondere wird eine halbwegs entschlossene Umweltpolitik sehr hohe Summen erfordern, die – trotz Verursacherprinzip – in vielen Bereichen nur auf dem Wege über Steuern oder Abgaben bereitgestellt werden können.

Wenn wir einerseits keine Reprivatisierung von Schulen und Spitälern anstreben, andererseits vom Staat aber mehr und zusätzliche Leistungen erwarten, müssen wir eine Erhöhung des Anteils des öffentlichen Konsums und, als Kehrseite, eine Erhöhung der

Steuerquote nicht nur erwarten, sondern geradezu bejahen. Es ist längst wissenschaftlich wie empirisch erwiesen, daß ein hoher Anteil des öffentlichen Konsums geradezu eine notwendige Folge einer Hochzivilisation darstellt – je reicher ein Volk, desto eher kann es sich Universitäten, Opernhäuser, aber auch eine umfassende Umweltpolitik leisten. Das Sozialprodukt pro Kopf ist in Österreich heute viermal so hoch wie in der Generation unserer Väter. Von einem Einkommen von 100 10 Prozent Steuern zahlen zu müssen, drückt mehr, als von einem Einkommen von 400 40 Prozent, noch dazu, wenn diese uns selbst zugute kommen.

Damit kommen wir zur zweiten und dritten Verwendungsweise unserer Steuern. Es sollte logisch zwischen der Erbringung von öffentlichen Leistungen und den Kosten für die Erbringung dieser öffentlichen Leistungen unterschieden werden.

Eine Umweltsteuer, die nur der Finanzierung von Schreibtischen einer Umweltbürokratie dient, ist nicht dasselbe wie eine Umweltsteuer, mit deren Ertrag bei sparsamer Verwaltung Umweltschäden reduziert oder vermieden werden. Deshalb muß jede Steuerreform an eine Verwaltungsreform geknüpft sein: Eine Verringerung des Steueraufkommens sollte nicht mit einer Verringerung der Erbringung öffentlicher Leistungen gekoppelt sein, sondern mit einer Reduktion des zur Erbringung der öffentlichen Leistungen erforderlichen Aufwandes. Vergleicht man etwa, mit welch geringer Bürokratie die Schweiz das Auslangen findet, so erkennt man, daß in Österreich einiges abgespeckt werden könnte.

Die dritte Verwendungsart von Steuern besteht schließlich im Stopfen von Löchern von staatlichen Wirtschaftsbetrieben, von der VOEST bis zu den ÖBB. Nach Jahrzehnten, in denen dieser dritte Verwendungsbereich tabuisiert war, ist es jetzt endlich zum Beginn eines grundsätzlichen Umdenkens gekommen.

Wie gering in weitesten Kreisen das Verständnis für sinnvolle Steuerreformen ist, wird durch Umfrageergebnisse beleuchtet, denen zufolge die Sonderbesteuerung des 13. und 14. Monatsgehaltes weiten Bevölkerungskreisen am Herzen liegt. Österreich ist das einzige Land der Erde, in dem das Jahr nicht zwölf, sondern vierzehn Monate hat. Der 13. und 14. Monatsgehalt entstammen der Nachkriegszeit, einer Zeit, in der an Freitagnachmittagen abgehärmte Frauen vor Fabrikstoren warteten, um ihren Männern den Wochenlohn abzuknöpfen, bevor diese ihn vertrinken konnten, einer Zeit, in der man dem Arbeitnehmer offenbar nicht die Fähigkeit zutraute, während des Jahres einen gewissen Betrag für die Finanzierung des Urlaubs und der Weihnachtsgeschenke beiseite zu legen. In diesem Sinne stellen sowohl die Sonderbestimmungen über die Besteuerung des 13. und 14. Monatsgehaltes, als auch diese beiden Zusatzzahlungen als solche ein Zeichen der nationalen Unreife dar, für welches wir vom Ausland zu Recht belächelt werden. Die Umlegung der Sonderbezüge wie der Sonderbestimmungen auf die zwölf Monate des Jahres sind eines der wenigen Beispiele dafür, daß eine Maßnahme gleichzeitig im Interesse der Arbeitgeber wie der Arbeitnehmer liegen kann – den Arbeitgebern wird viel überflüssige Verwaltungsarbeit erspart, und die Arbeitnehmer erhielten Lohnbestandteile früher ausbezahlt!

Gerade die Diskussion von Steuerfragen zeigt in anschaulicher Weise auf, wie sehr selbst gebildete Mitbürger oft vor Fehlschlüssen nicht gefeit sind. Zwei Beispiele: Im Zuge der abgeschlossenen ersten Etappe der Steuerreform wurde der Luxus-Mehrwertsteuersatz für Pelze, Fotoartikel und Schmuck von 32 auf 20 Prozent gesenkt, und in der Einkommensteuer der höchste Grenzsteuersatz von 62 auf 50 Prozent. Auf den ersten Blick scheinen beide Maßnahmen darauf ausgerichtet zu sein, »die Reichen noch reicher zu machen«.

Die Realität ist anders. Insbesondere die westlichen Bundesländer Österreichs mußten als Folge des 32prozentigen Mehrwertsteuersatzes eine starke Kaufkraft-Abwanderung in das benachbarte Ausland verzeichnen. Die Senkung von 32 auf 20 Prozent bewirkte jedoch einen so hohen Kaufkraftrückfluß, daß allein das durch die Wiederbelebung der Wirtschaft erhöhte Steueraufkommen den durch die Senkung scheinbar verursachten Steuerentfall bei weitem wettmachte.

Was die Absenkung der Spitzensätze der Einkommensteuer betrifft, ist es zweckmäßig, die bisherigen beiden höchsten Einkommensklassen eines zu versteuernden Jahreseinkommens von

700.000 bis 1,5 Millionen Schilling (bisheriger Grenzsteuersatz: 58 Prozent) und über 1,5 Millionen Schilling (bisheriger Grenzsteuersatz: 62 Prozent) zu unterscheiden. In beiden Klassen wurde der Grenzsteuersatz auf 50 Prozent gesenkt.

Was die erstgenannte Klasse betrifft, so wird sie – paradoxerweise – eher zu den (relativ wenigen) Verlierern der Steuerreform zählen. Es war nämlich vornehmlich diese Klasse, die alle bisher möglichen, ab 1. Jänner 1989 jedoch abgeschafften Abschreibungs- und Absetzmöglichkeiten maximal nutzte; der Verlust dieser Möglichkeiten dürfte durch die Tarifsenkung in vielen Fällen nicht ganz wettgemacht werden. Während die Bezieher niedrigerer Einkommen von der Steuerreform deutlich profitieren werden, werden die »Reichen« also nicht reicher werden.

Nun aber zu den »ganz Reichen« mit einem Jahreseinkommen von über 1,5 Millionen Schilling. Diese Gruppe ist in Österreich schon recht dünn gesät; ja, Spitzenverdiener verstanden es, in einem anderen Land (Liechtenstein, Monaco) steuerpflichtig zu werden. Die Senkung des Spitzensteuersatzes auf 50 Prozent macht nun eine derartige Abwanderung weit weniger lukrativ; vereinfacht gesagt: Wir haben viel mehr davon, wenn ein Spitzenverdiener 50 Prozent Steuern in Österreich zahlt, als in Reaktion auf einen am Papier stehenden höheren Steuersatz seine Steuer im Ausland zu entrichten.

Für die Absenkung spricht aber noch ein weiteres Motiv. Das bisherige System verleitete nämlich zu einem sorglosen Umgang mit Geld und ermunterte Unternehmer eher dazu, zu konsumieren als zu investieren. Wenn es mich bei einem Steuersatz von 62 Prozent durch die Abschreibungsmöglichkeit statt 1000 Schilling de facto nur 380 Schilling kostet, mit einem Geschäftsfreund essen zu gehen, werde ich lieber essen gehen als das Geld für Investitionen beiseite zu legen; wenn mich das Abendessen aber 500 Schilling kostet, werde ich mit meinem Geld ein wenig sorgsamer umgehen. Es ist also zu erwarten, daß es zu einer Verbesserung des psychologischen Investitionsklimas in Österreich kommt, eine Entwicklung, die wir dringend benötigen.

Diese Fehlschlüsse kommen zustande, wenn eine Steueränderung bloß statisch betrachtet wird, ohne die durch sie verursachten Rückwirkungen mit ins Kalkül zu ziehen. So hat etwa die Einführung der Mehrwertsteuer auf Golddukaten keineswegs den errechneten Ertrag eingespielt, sondern den Verkauf von Golddukaten praktisch zum Erliegen gebracht. Während vor Einführung der Mehrwertsteuer Golddukaten ein beliebtes Geschenk darstellten, haben sie diese Funktion seither verloren.

Manchmal ist diese Rückwirkung geradezu erwünscht: So werden Tabakwaren und Spirituosen nicht nur aus fiskalischen Gründen besteuert, sondern in der Hoffnung, durch die Besteuerung den Konsum zu reduzieren. Daß diese Hoffnung trügen kann, zeigt die Entwicklung in der Sowjetunion oder in den skandinavischen Ländern, wo der Alkoholismus trotz exorbitant höherer Steuern keineswegs zurückgegangen ist.

Damit erhebt sich die grundlegende Frage: Ist aus der Tatsache, daß von einer Steuererhöhung eine negative Rückwirkung ausgeht, umgekehrt zu schließen, daß eine Steuerverringerung eine positive Rückwirkung haben wird? Diese Erwartung lag der Steuersenkung in den USA zugrunde. Man hoffte, daß so die Massenkaufkraft steigen und zu einer Ankurbelung der Wirtschaft führen werde. Dieser Konjunkturaufschwung sollte solche Mehreinnahmen an anderen Steuern bringen, daß sich die Steuersenkung per Saldo (zumindest teilweise) selbst finanziert.

Diese Hoffnung mag in einem Lande wie den USA mit seinem riesigen Binnenmarkt durchaus ihre Berechtigung haben. Ist aber eine unmittelbare Übertragung auf einen Kleinstaat wie Österreich möglich? Würden wir etwa unser durch eine Steuersenkung gewonnenes Taschengeld vornehmlich dazu verwenden, früher auf ein neues Import-Auto umzusteigen, so kommt zum Steuerausfall nur noch eine Erhöhung unseres Außenhandelsdefizits hinzu, zu einem Übel also noch ein zweites.

Nur wenn die Steuersenkung so vorgenommen wird, daß die ersparten Beträge auch tatsächlich zu einer Belebung der heimischen Wirtschaft verwendet werden, besteht Hoffnung, daß ein Teil der durch die Steuersenkung verringerten Staatseinnahmen auf dem Umweg über eine Wirtschaftsbelebung wieder hereinkommt.

Das heißt aber, daß Steuersenkungen nicht »symmetrisch« oder

»ausgewogen« vorgenommen werden dürften, sondern gezielt in eine ganz bestimmte Richtung.
So wenig Grund besteht, Steuersenkungen enthusiastisch und undifferenziert zu bejahen, so sehr ist auch Skepsis am Platze gegenüber der zweiten, in jede Steuerreform gesetzten Erwartung, nämlich einer Vereinfachung des Berechnungs- und Einhebungssystems. Jede der unzähligen Ausnahmen, die abgeschafft werden sollen, ist ja nicht mutwillig entstanden, sondern ist das Ergebnis irgendeiner sachlich einigermaßen rechtfertigbaren Sondersituation.
Und es ist anzunehmen, daß für jede einmal abgeschaffte Ausnahme wieder einige neue entstehen werden, weil auch in Zukunft jede Interessenvertretung zur Rechtfertigung ihrer eigenen Existenz für ihre Mitglieder Vorteile zu erreichen versuchen wird. Auch jede Bürokratie ist umfassenden Generallösungen abhold, weil sie geradezu davon lebt, immer anders geartete Einzelfälle zu bearbeiten und zu entscheiden.
Weder Steuersenkung noch Steuervereinfachung sollten daher das Hauptziel einer Steuerreform darstellen. Eine Steuerreform sollte vielmehr von der Grundfrage ausgehen, ob die Besteuerung überhaupt an den richtigen Bereichen ansetzt und ob nicht eine Umschichtung innerhalb des Steuersystems anzustreben wäre.
Unser Steuersystem – einschließlich Sozialversicherungsbeiträge – besteuert nämlich im wesentlichen den durch menschliche Arbeit geschaffenen Mehrwert – entweder direkt als Mehrwertsteuer oder aber indirekt als Besteuerung der (dem volkswirtschaftlichen Mehrwert entsprechenden) Einkommen. Dies führt dazu, daß jedes Unternehmen bestrebt sein muß, vor allem am Arbeitseinsatz Einsparungen vorzunehmen und in eine umweltbelastende und schwer abzusetzende Massenproduktion von Gütern geringer »Wegwerfqualität« auszuweichen.
Je weniger Arbeit, desto stärker müssen aber Mehrwertsteuersatz und Sozialversicherungsbeiträge angehoben werden, was die Unternehmen zu umso größeren Rationalisierungen zwingt. Wir erleben einen Teufelskreis, der gleichzeitig zu immer größerer Arbeitslosigkeit und zunehmender Unfinanzierbarkeit des Sozial-

systems führt, ohne jedoch die Unternehmen letztlich steuerlich zu entlasten!

Überlegen wir einmal als Gedankenexperiment, wie unsere Wirtschaft aussähe, wenn anstelle des Mehrwerts der Einsatz von Rohstoffen und Energie besteuert würde. Bei gleich hohem Gesamtsteueraufkommen wäre das durchschnittliche Preisniveau gleich hoch wie heute; die Preisstruktur wäre jedoch eine gänzlich andere. Alle material- und energieintensiven Güter wären teurer als heute, alle arbeitsintensiven Güter und Dienstleistungen jedoch billiger. Vereinfacht gesagt: Der Kauf einer Waschmaschine wäre teurer, deren Reparatur billiger als heute.

Der Konsument würde sich natürlich anpassen. Der Verschleiß von Gütern, der Einsatz und damit auch der Import von Rohstoffen und Energie wären weit niedriger als heute, damit aber auch das Außenhandelsdefizit und die Auslandsabhängigkeit. Auch der Anfall von Schadstoffen und Müll wäre ungleich niedriger, so daß sich eine Reihe von Umweltproblemen in weit geringerem Maße stellten.

Umgekehrt wäre die Nachfrage nach Arbeit weit höher, die Arbeitslosigkeit also niedriger; Schwarzarbeit wäre weniger attraktiv, da sie kaum billiger käme als offizielle Arbeit. Qualitativ höherwertige Güter, insbesondere aber auch Dienstleistungen jeglicher Art, wären erschwinglicher und die subjektive Wohlfahrt damit höher. Die gesamte Wirtschaftsstruktur wäre also wesentlich gesünder.

Ein solches System ließe sich sicherlich nicht mit einem Schlage einführen. Es wäre aber durchaus denkbar, unsere gegenwärtige Mehrwertsteuer in fünf Etappen, die jeweils zwei Jahre auseinanderliegen, um je 20 Prozent ihres gegenwärtigen Wertes abzusenken und die an die Stelle der Mehrwertsteuer tretende Energie- und Rohstoffabgabe jeweils in jenem Ausmaß anzuheben, das – unter Einrechnung der Umstrukturierung des Marktes und der Anpassung der Konsumenten – Aufkommensneutralität erwarten läßt.

Selbstverständlich müßten viele Details diskutiert werden. So wäre etwa ein derart geändertes Steuersystem von entsprechenden Ausgleichsabgaben für Importe aus Ländern zu begleiten, die nicht ebenfalls auf das neue Steuersystem übergegangen sind, und von entsprechenden Ausgleichszahlungen bei Exporten. Und wenn argumentiert wird, daß dem die gegenwärtigen GATT-Regeln entgegenstehen, so ist darauf hinzuweisen, daß der Gedanke einer derartigen, die Mehrwertsteuer ersetzenden Energie- und Rohstoffsteuer seit einiger Zeit in mehreren Industrieländern diskutiert wird. Es wäre also durchaus denkbar, im Rahmen einer übernationalen Aktion eine Anpassung der GATT-Regeln zu erreichen.

Erfreulicherweise sind es immer mehr Persönlichkeiten und Institutionen in Österreich, die die Sinnhaftigkeit von Rohstoff- und Energiesteuern bejahen. Daß sich zahlreiche Umweltschutzvereinigungen darunter finden, nimmt nicht wunder; der Österreichische Bauernbund hat sich in offiziellen Beschlüssen zur Einführung einer derartigen Steuer bekannt, aber auch innerhalb des Österreichischen Wirtschaftsbundes mehren sich die Stimmen derer, die für eine (zumindest teilweise) Umlegung von personenbezogenen Steuern in Richtung auf rohstoff- und energiebezogene Steuern eintreten.

Zusammenfassend: Vom Steuersystem eines Landes gehen so grundlegende Rückwirkungen auf alle Wirtschafts- und Sozialbereiche aus, daß die nächste Etappe, die Hauptetappe der Steuerreform, an diesen Grundfragen nicht vorbeigehen dürfte. Auch hier ist der »Megatrend« keineswegs vorgegeben; auch hier haben wir die Wahl zwischen ein bißchen Kosmetik hier und dort, die niemandem weh tun möchte, und einer entschlossenen Weichenstellung in eine gesündere Zukunft.

6

Krise des Wohlfahrtsstaates – Krise des Denkens

Angesichts der zunehmenden Überalterung muß ein System, bei dem der Staatsbürger totale Versorgung erwartet, unfinanzierbar werden. Es ist daher notwendig, die Grundziele des Wohlfahrtsstaates zu überdenken und die Frage zu stellen, welches Ausmaß an Zwangsumverteilung von Erwerbstätigen zu Nicht-Erwerbstätigen wir eigentlich wollen.

In unzähligen Publikationen der letzten Jahre wurde die Krise des Wohlfahrtsstaates beschrieben. Die Symptome sind offenkundig: Wenn wir uns darüber freuen, daß ein immer höherer Prozentsatz der Bevölkerung das Pensionsalter erreicht, so bedeutet dies, daß die Summe der Pensionsansprüche steigt. Dies bedeutet aber auch eine höhere Inanspruchnahme des Gesundheitssektors. Die Kosten unseres Gesundheitssystems werden bei gleichbleibendem altersspezifischen Gesundheitsgrad und bei gleichbleibenden Sach- und Personalkosten, allein durch die zu erwartenden weiteren Verschiebungen in der Alterspyramide, in den nächsten fünfzehn Jahren um 20 Prozent steigen.
Gleichzeitig erleben wir, wie immer mehr Arbeitsplätze »wegrationalisiert« werden – der Computer, der Mikroprozessor macht uns alle arbeitslos; uns wird – wie Adam Schaff formulierte – »die Arbeit ausgehen«.
Beide Ängste, die Angst vor Arbeitslosigkeit und die Angst vor der Nichtfinanzierbarkeit unseres Pensions- und Gesundheitssystems, sind nur dann berechtigt, wenn wir im herkömmlichen Denkrahmen verharren, wenn wir also die Probleme von morgen mit den Einstellungen von gestern zu lösen versuchen.

Wenden wir uns zunächst der Arbeitslosigkeit zu.
Für alle früheren Phasen der industriellen Revolution galt, wenn Arbeit durch Kapital ersetzt wurde, daß dies Arbeitskräfte freisetzte, die in anderen Wirtschaftsbereichen Werte schaffen konnten. Damit wuchs sowohl das Sozialprodukt als auch die Massenkaufkraft.

Betrachten wir die gegenwärtige Phase der industriellen Revolution, so kann zunächst in rein technologischer Sicht mit Fug und Recht behauptet werden, daß auch sie unser Leben angenehmer gestalten wird – vom ABS-System in Automobilen bis zum Satellitenfernsehen. Diesbezüglich wäre also die durch den Mikroprozessor charakterisierte neue industrielle Revolution nicht grundsätzlich von früheren Phasen der industriellen Revolution verschieden. Was sie aber von jeder früheren unterscheidet, ist, daß nunmehr verbesserte Leistung bei geringem Einsatz von Arbeit *und* Kapital erzielt werden wird, während früher im allgemeinen nur Arbeit durch Kapital ersetzt wurde.

Solange Arbeit durch Kapital substituiert wurde, war zur Herstellung der Kapitalgüter neue Arbeit notwendig; dank des Produktivitätsfortschrittes frei werdende Arbeitskräfte im Primär- und Sekundärsektor wurden vom Tertiärsektor aufgesogen. So war auch die systematische Abwanderung aus der Landwirtschaft, lange Zeit als »Landflucht« verteufelt, eine der Hauptquellen der Zunahme des materiellen Reichtums – die in der Landwirtschaft frei gewordenen Arbeitskräfte konnten in der Industrie Einsatz finden und damit neue Werte schaffen. Solange das Wachstum der gesamtwirtschaftlichen Produktion mit dem Produktivitätswachstum Schritt hielt, konnte auch die Vollbeschäftigung aufrecht bleiben.

All dies wird in der nunmehr angelaufenen Phase der industriellen Revolution nicht mehr gelten. Der Produktivitätsfortschritt wird – zumindest in mittel- und längerfristiger Sicht – anhalten; warum sollte auch der menschliche Erfindungsreichtum in bezug auf arbeitsparende Maschinen plötzlich erlahmen? Im Gegenteil: Der zunehmende internationale Konkurrenzkampf wird eher zu einem Bestreben nach überdurchschnittlichen Produktivitätssteigerungen führen. Dies bedeutet, daß jene Menge an menschlicher Arbeit, die zur Erzielung eines bestimmten Produktionsvolumens erforderlich ist, weiterhin sinken wird. Das Sozialprodukt, also der »Kuchen« der alljährlich produzierten Güter und Leistungen, wird aber in den kommenden Jahrzehnten – aus einer Reihe von Gründen – nur noch viel schwächer steigen als in der Expansions- und Wiederaufbauphase nach dem Krieg.

Neu ist ferner, daß eine Umschichtung in den Tertiärsektor nicht mehr im selben Ausmaß erfolgen können wird wie bisher, da der Tertiärsektor von dieser neuen industriellen Revolution selbst betroffen ist, was bei früheren Phasen nur in sehr beschränktem Ausmaß der Fall war.

Von 1860 bis 1960 blieb der Produktivitätsfortschritt im Tertiärsektor im wesentlichen auf Kopiergeräte und die Einführung der Schreibmaschine und des Telefons beschränkt; vom Beginn des Einsatzes des Computers bis zu den Textautomaten hat sich jedoch nicht nur im Bank- und Versicherungswesen, sondern auch in vielen anderen Bürobetrieben eine ungleich größere Rationalisierungsmöglichkeit ergeben.

Fassen wir diese Entwicklung zusammen – niedrigere Zuwachsraten des Sozialprodukts, hohe Zuwachsraten der Produktivität –, so ergibt sich, daß das zur Erstellung des Sozialprodukts erforderliche Arbeitsvolumen systematisch sinken wird. Wir gehen damit einem bislang unbekannten Phänomen entgegen, das man als »Arbeitslosigkeit bei Wohlstand« bezeichnen könnte und bei dem es sich um ein gänzlich anderes Phänomen handelt als die »Arbeitslosigkeit bei Not« etwa der frühen dreißiger Jahre.

Welche Bewältigungsstrategien wären denkbar?

Eine erste Reaktion kann darin bestehen, möglichst viele Arbeitsplätze in traditionellen Bereichen zu schaffen, in denen eigentlich keine zunehmende Nachfrage mehr besteht. Ein klassisches Beispiel hiefür ist das General-Motors-Werk in Aspern.

Ein zweiter Weg kann darin bestehen, daß die Gewerkschaften den »Schutz des Arbeitsplatzes« großschreiben, die Arbeitgeberverbände jedoch gleichzeitig einer Reduktion der Arbeitszeit widerstreben. Dies muß notwendig zu Massenarbeitslosigkeit all jener führen, die noch keinen Arbeitsplatz haben, also der der Schule entwachsenden Jugend – ein Szenario, das höchsten sozialen Sprengstoff in sich birgt.

Eine dritte Bewältigungsstrategie, der wohl die höchste Wahrscheinlichkeit zukommt: Die Gewerkschaften ringen den Arbeitgeberverbänden – wie schon in der Vergangenheit des öfteren – eine schrittweise generelle weitere lineare Reduktion der Arbeitszeit ab – weniger Wochenstunden, mehr Urlaub, frühere

Pensionierung usw. Dies wäre nur die logische Fortsetzung des bisherigen Weges, der von der 60-Stunden-Woche mit maximal einer Woche Urlaub über die 48-Stunden-Woche zur 40-Stunden-Woche mit vier oder fünf Wochen Urlaub geführt hat.
Welche Chancen bei diesem wahrscheinlichsten Weg vertan werden, möge das folgende Geschichtchen illustrieren:
Es waren einmal, in einem schönen Alpentale, eine Anzahl von Bauernhöfen. Auf jedem dieser Höfe – sie waren alle etwa gleich groß – lebte ein Bauer und eine Bäuerin mit zwei erwachsenen Söhnen, zwei erwachsenen Töchtern und – wie dies eben oft so ist – einem geistig zurückgebliebenen Kind, nennen wir ihn Thaddäus.
Auf dem einen Hof werkten alle wie zu Vorväter Zeiten, nach guter alter Vorvätersitte: Bauer, Bäuerin, Söhne und Töchter arbeiteten schwer, gute 60 Stunden in der Woche, um genug Nahrung für alle zu schaffen; um Thaddäus jedoch konnte sich keiner kümmern.
Auf dem zweiten Hof waren im Laufe der Jahre Traktoren und andere landwirtschaftliche Maschinen angeschafft worden. Mit derer Hilfe konnte sogar ein etwas höherer Ernteertrag als auf dem ersten Hof erzielt werden; vor allem aber konnte die wöchentliche Arbeitszeit für jedermann auf diesem zweiten Hof von 60 auf 20 Stunden gesenkt werden: Bauer, Bäuerin und die beiden erwachsenen Töchter arbeiteten je 20 Stunden auf den Feldern, die beiden Söhne waren je 20 Stunden lang mit der Wartung der Maschine beschäftigt. Um Thaddäus kümmerte sich nur, wer gerade wollte.
Auf dem dritten Hof waren genau dieselben Geräte angeschafft worden wie auf dem zweiten. Es galt aber als feste Regel, daß, was ein richtiger Bauer sein wollte, 40 Stunden zu arbeiten habe. Während auf dem zweiten Hof alle sechs erwachsenen Familienmitglieder je 20 Stunden arbeiteten, wurde auf dem dritten Hof die gesamte Feldarbeit vom Vater und einer Tochter erledigt, die Wartung der Geräte von einem der beiden Söhne. Der Mutter wurde zu verstehen gegeben, daß sie sich um Küche und Keller kümmern könne, was allerdings keine vollwertige Tätigkeit darstelle, da sie ja nichts zum »Sozialprodukt« beitrage. Der

andere Sohn und die andere Tochter wurden als »arbeitslos« bezeichnet; sollten sie selbst sehen, wo und wie sie weiterkämen! Bis dahin erhielten sie ein Gnadenbrot, dessen keiner froh wurde. Thaddäus war erst recht jedem im Wege.

Auf dem vierten Hof waren dieselben Geräte angeschafft worden. Man arbeitete, wie auf dem dritten Hof, 40 Stunden pro Woche: der Vater und ein Sohn in der Landwirtschaft, der andere Sohn als Mechaniker. Anders als auf dem dritten Hof freute man sich über jedes Familienmitglied, das nicht mehr als Landwirt oder Mechaniker arbeiten mußte: die Tätigkeit der Mutter in Küche und Keller, die allen das Leben verschönte, wurde hoch geschätzt; auch die beiden Töchter waren je 40 Stunden beschäftigt. Sie pflanzten rund um den Hof Blumen, die jedermanns Auge erfreuten, schnitzten Figuren, malten Bilder und kümmerten sich um Thaddäus, der dank ihrer systematischen Mühe lernte, einfache Arbeiten zu verrichten, und der glücklich war, dadurch in seiner Umwelt einen anerkannten Platz zu finden.

Ja müßte sich denn nicht jedes Volk glücklich preisen, wenn es ein steigendes Sozialprodukt, das höchste seiner Geschichte, mit immer geringerem Arbeitsaufwand herzustellen vermag? Dies bedeutet ja nicht nur die Möglichkeit zu mehr Freizeit, sondern vor allem auch, daß mehr Zeit verfügbar sein wird, um andere, bislang vernachlässigte gesellschaftliche Bedürfnisse, insbesondere im Bereich der Betreuung der Alten, Kranken, Behinderten, aber auch von Kindern, zu erfüllen.

Es sind dies vor allem Bereiche, in denen die in früheren Zeiten gegebene individuelle Vorsorge vergesellschaftet wurde: Wenn wir alte Menschen nicht mehr zu Hause umsorgen, sondern in Altersheimen betreuen lassen, wenn wir unsere Abfälle nicht mehr selbst entsorgen wie am alten Bauernhof, sondern als Abwasser und Müll anfallen lassen, so müssen wir auch bereit sein, einen entsprechend hohen Teil unseres Einkommens nicht dem individuellen Konsum, sondern dem öffentlichen Konsum zuzuführen, d.h. im Klartext, in Form von Steuern zu entrichten, aus denen dann dieser Bedarf befriedigt werden kann. Ja, mehr noch: Wie schon gesagt, müssen wir damit rechnen, daß in den nächsten Jahrzehnten die Bereiche des öffentlichen Konsums an

Dringlichkeit stärker zunehmen werden, als es für viele Bereiche des individuellen Konsums wünschenswert wäre.
Dies bedeutet nicht unbedingt den Ruf nach »mehr Staat«: Nehmen wir nochmals das Beispiel von Hermann Gmeiners SOS-Kinderdörfern. Würden sie von einer staatlichen Stelle geführt werden – die Organisation wäre viel schwerfälliger und viel teurer. Dasselbe gilt für all jene anderen Bereiche, in welchen gesellschaftlicher Bedarf besteht, der sich (noch) nicht in Form von Nachfrage niederschlägt: Je mehr wir bereit sind, dem Beispiel Gmeiners folgend, derartige Bedarfslücken auf genossenschaftlicher oder Gemeinde-Basis, also in überschaubarer Größe, in die Hand zu nehmen, desto effektiver wird dies sein können.
Hier der von Jahr zu Jahr wachsende Kuchen, alle zu ernähren, dort die von Jahr zu Jahr wachsende freie Zeit, mehr Nützliches tun zu können – und wenn die Gleichung im bisherigen Denkschema nicht aufgeht, so heißt dies nur, daß dieses Denkschema für die Zukunft nicht paßt, daß wir die bisherigen Zuordnungsmechanismen von Arbeit (sprich: Mitwirkung an der Erstellung des Sozialproduktes) und Einkommen (sprich: Bezugsscheine auf Anteile am Sozialprodukt) überdenken müssen.
Lassen wir unserer Phantasie einmal freien Lauf. Wie könnte ein neues Zuordnungssystem aussehen?
Im Österreich von morgen könnten zunächst alle halbwegs gesunden Achtzehnjährigen (beiderlei Geschlechts, wir streben ja volle Gleichberechtigung an) ein einjähriges Sozialjahr absolvieren – sei es, wie bisher, beim Bundesheer, sei es in einem wesentlich ausgebauten Zivildienst. Wenn wir es seit den Zeiten der Monarchie akzeptieren, dem Vaterland längere Zeit (nahezu) unbezahlt mit der Waffe zu dienen, warum nicht auch ohne Waffe? Der Arbeitsmarkt wäre konstant um einen Jahrgang entlastet, viel Nützliches könnte getan werden, und unsere Jugend würde in diesem Jahr sehr an Reife gewinnen.
Nach Absolvierung dieses Sozialjahres sollte aber jeder Österreicher Anspruch auf ein womöglich noch dichteres soziales Grundnetz haben als heute, bis hin zum lebenslänglich garantierten Mindesteinkommen. Hand aufs Herz: So revolutionär ist diese Idee eines »Basislohns« gar nicht; wir haben ihn eigentlich

schon längst, allerdings unter einer Fülle von Bezeichnungen, von Stipendien, Mietzinsbeihilfen, Arbeitslosenunterstützung, Fürsorgeleistungen bis hin zur Notstandshilfe.
Das neue System wäre also kaum teurer, aber ehrlicher und transparenter. An die Stelle der Idee, die Arbeitszeit für alle zu reduzieren und Überstunden zu bestrafen, sollte eine viel stärkere Flexibilisierung der Arbeitszeit treten, und zwar sowohl des Ausmaßes der laufenden Arbeitszeit als auch der Verteilung der bezahlten Arbeit über das Leben.
Wenn wir heute ein Sozialprodukt haben, das pro Kopf viermal so groß ist wie in der Generation unserer Väter, so können wir es uns sehr wohl leisten, kein einziges Mitglied unserer Gesellschaft vor die Hunde gehen zu lassen. Das Konzept eines »Basislohnes« hat aber nicht nur eine fiskalische bzw. ökonomische Komponente, die – vereinfacht ausgedrückt – bedeutet: Soll eben jeder so viel aus allgemeinen Mitteln bekommen, daß er davon halbwegs leben kann. Viel wichtiger erscheint die psychologische Komponente: Können wir es uns wirklich leisten, einem erheblichen Teil unserer arbeitswilligen Mitbürger, insbesondere den Jugendlichen, keine Möglichkeit zu geben, etwas Nützliches zu tun? Mit dem »Durchfüttern« von Arbeitslosen allein ist es also nicht getan. Vielen der heute Arbeitslosen eine Arbeitsmöglichkeit zu geben, ist nicht nur für deren Selbstwertgefühl wichtig, sondern hat in der Folge eine positive ökonomische Auswirkung – dadurch wird ja unser Sozialprodukt erhöht!
Insofern ist das schwedische System, in dem der Staat jedem arbeitslosen Jugendlichen einen Halbtagsposten garantiert, nicht der Weisheit allerletzter Schluß. Der Inhaber eines solchen Postens hat nach wie vor das Gefühl, eine Art Fürsorgeleistung zu empfangen; womöglich verlernt er das »richtige« Arbeiten, und was geschieht mit ihm, wenn er das Höchstalter für dieses Jugendprogramm erreicht hat?
Alles greift ineinander: Hätten wir eine Rohstoff- und Energiesteuer anstelle unserer heutigen arbeitsbezogenen Steuern, so würde Arbeit um so vieles billiger werden, daß sich das Problem der Arbeitslosigkeit, insbesondere der Jugendarbeitslosigkeit, gar nicht in stärkerem Maße stellen würde als in den alten Zeiten der

sogenannten Vollbeschäftigung. Dann müßten wir auch über einen »Basislohn« nicht mehr diskutieren ...!
Eltern von Kleinkindern könnte ein verlängertes Karenzgeld geboten werden, aber auch die Möglichkeit zu Teilzeitarbeit, sei es im Betrieb, sei es zu Hause, etwa am Terminal; all dies nicht generell verordnet, sondern immer nur als Option. Und wenn jemand auf ein paar Monate, auf ein paar Jahre mit der bezahlten Arbeit aussetzen möchte, um ein Buch zu schreiben, an einer Anden-Expedition teilzunehmen, eine Sprache oder sonst etwas zu erlernen, so würde ihm dies durch das garantierte Mindesteinkommen möglich sein. Durch all diese Maßnahmen würde die Nachfrage nach dem sinkenden Arbeitsvolumen ebenfalls sinken; es würde also keiner dirigistischen Zwangsmaßnahmen bedürfen, um Nachfrage und Angebot an Arbeit zur Deckung zu bringen. Vor allem aber könnte auch ein wachsender Teil der zunehmenden Lebensfreizeit der Sozialarbeit gewidmet sein, sei es bezahlt, sei es unbezahlt.
Wem dies alles zu utopisch erscheint, der vergegenwärtige sich die Alternativen: Ein starres Festhalten am bisherigen Schema von Vollarbeitsplätzen einerseits, vollem Nichtstun Arbeitsloser andererseits, muß zu einer wachsenden Kluft zwischen jenen, die über einen Arbeitsplatz verfügen, und jenen, denen wir keine Arbeit bieten, insbesondere also der der Schule entwachsenden Jugend, führen, und damit zu größten sozialen Spannungen.
Die andere Alternative, eine generelle Herabsetzung der Arbeitszeit für alle, entspringt jener Mentalität der obrigkeitsstaatlichen Zwangsbeglückung, die endlich überwunden werden müßte, wenn wir es als einen wesentlichen Teil der Menschenwürde ansehen, selbst bestimmen zu dürfen, ob man etwas mehr oder etwas weniger arbeiten möchte und in welchen Phasen des Lebens.
Nun aber zur Frage der Finanzierung der Pensionen.
Mit gramvoll gefurchter Stirn konstatieren wir, daß die Zahl der Sechzig- und Mehrjährigen bis zum Jahre 2015 um fast 20 Prozent zunehmen wird, von heute 1,5 Millionen auf 1,8 Millionen; oder in Bevölkerungsanteilen ausgedrückt, von heute 20 Prozent auf zwischen 22,7 und 25,9 Prozent.

Und schon kommt uns all das wohlvertraute Vokabular in den Sinn von der »bedrohlichen« Überalterung, dem ebenso »bedrohlichen« Geburtenrückgang (wer bedroht eigentlich wen?) bis hin zur bangen Frage, wer denn nun eines Tages unsere Pensionen bezahlen soll.

Alle Phrasen dieses Vokabulars sind grundlegend falsch. Sie beruhen auf Klischeevorstellungen, die den Gegebenheiten (und politischen Zielen) vergangener Epochen entsprochen haben mögen, und auch dies nur mit einigen Vorbehalten, Klischees, die wir in unserem Denken und Empfinden bis heute mitschleppen, obwohl sich die Gegebenheiten vollkommen verändert haben.

Eine solche Klischeevorstellung ist das Bild des »Ernährers der Familie«, dem sich bei seiner Rückkehr von harter Arbeit, den Taglohn in der Tasche, die Hände seiner unmündigen Kinder, seines Eheweibes und seiner alten Eltern hungernd entgegenstrecken. Bleiben wir einmal bei diesem Klischee. Wir können durchaus die in den Statistiken ausgewiesene Altersgruppe der 15 – 60jährigen als die Altersgruppe der erwerbsfähigen Bevölkerung ansetzen; ein paar Jahrgänge unten oder oben hinzugefügt oder weggenommen, ändert nichts an den prinzipiellen Schlußfolgerungen. Diese Altersgruppe der 15 – 60jährigen, also der »Ernährer«, wird sich in den kommenden dreißig Jahren kaum verändern.

Nun sehen wir einmal nach, um wieviel es uns besser geht, wenn wir mehr Kinder in die Welt setzen, die »unsere Pensionen bezahlen sollen«. Das Österreichische Statistische Zentralamt hat der Hauptvariante seiner Bevölkerungsprognose eine Variante mit höherer und eine Variante mit niedrigerer Fruchtbarkeit zur Seite gestellt. In der Variante mit höherer Fruchtbarkeit beträgt der Anteil der »Ernährer« anstelle von 60,6 Prozent – ganze 59,0 Prozent! Wie das? Zwar sinkt der Anteil der Alten von 24,0 auf 22,7 Prozent, der Anteil der Kinder erhöht sich jedoch ungleich stärker (von 15,3 auf 18,4 Prozent). Mit anderen Worten: Den Ernährern, die unsere Pension bezahlen sollen, strecken sich also bei der Variante mit höherer Fruchtbarkeit mehr hungernde Hände entgegen!

Nehmen wir widerwillig zur Kenntnis, daß eine hohe Geburtenrate in rein ökonomischer Sicht weder anzustreben noch vorzuziehen ist, so flüchten wir uns ins Soziale. Wieder kommt uns ein treffliches Klischeebild zustatten: das Bild einer stattlichen, fröhlichen Kinderschar, die sich im Vordergrund tummelt, auf einem Bänklein dahinter sitzend Großvater und Großmutter; daneben stehend, kraftstrotzend und huldvoll lächelnd, Vater und Mutter in trauter Eintracht. Kind = gesund, Alter = krank; ergo: je mehr Kinder, desto gesünder, und eine geringere Fruchtbarkeit führt zu »drohender Überalterung«.
Sehen wir uns auch dieses Klischeebild genauer an. Finden wir es denn nicht erstrebenswert, daß immer mehr von uns ein höheres Alter erreichen? Gewiß, diese »Überalterung« bedingt Verschiebungen in der Nachfragestruktur nach Gütern und Dienstleistungen. Wir werden sicherlich mehr Leistungen des Gesundheitssektors, mehr Altenheime und Pflegeheime benötigen. Aber einerseits wird genügend Kapazität an Arbeit und Kapital frei werden, die in diese Bereiche umgelenkt werden könnte; andererseits aber wird das »Altenproblem« um keinen Deut geringer, wenn wir gleichzeitig mehr Kindergärten und mehr Schulen zu versorgen haben werden. Wieso soll jene Altersstruktur »richtig« sein, die in vergangenen Zeiten gegeben war, als viele früher sterben mußten, und nicht jene, die jeder einzelne von uns für sich zu erleben hofft?
Nehmen wir, wieder höchst ungern, auch von diesem Klischee Abschied, so verbleibt noch das tiefstliegende, atavistische, auf die frühe Steinzeit zurückgehende, als sich die Horden zu Sippen verbanden. Höhere Kopfzahl bedeutete, à la longue, höhere Überlebenschancen gegenüber anderen Sippen. Diese Urangst zieht sich nahtlos durch die Geschichte, bis hin zum Mutterkreuz im Dritten Reich für Mütter von vier oder mehr Kindern, als Kanonenfutter für die gewaltsame Ausdehnung des »Lebensraumes«. Dieses Denken entspricht haarscharf der Logik von Kettenbriefen. Was bei Kettenbriefen der finanzielle Katzenjammer, waren beim Bevölkerungswachstum zu allen Zeiten grausame Ausrottungskriege. Wenn aber, wie heute, Kriege geächtet werden, die Segnungen der Medizin die Lebenserwartung erhöhen,

die Kinderzahl aber so hoch bleibt wie früher, setzt die begrenzte Umwelt umso unerbittlichere Schranken. Die heutigen Hungerkatastrophen und Zwangsumsiedlungen in der dritten Welt bilden erst einen blassen Vorgeschmack dessen, was mit Sicherheit zu erwarten ist, wenn an dieser Klischeevorstellung festgehalten wird.

Umgekehrt belegen unzählige Beispiele aus der Geschichte, daß die Menschen gerade in Zeiten nach großen Seuchen oder Kriegen besonders glücklich lebten und es zu einer außerordentlichen Entfaltung der zivilisatorischen und kulturellen schöpferischen Kräfte kam – einfach, weil pro Kopf mehr Ressourcen vorhanden waren. Vom Nobelpreisträger Dennis Gabor stammt der Ausspruch: Mir ist eine Menschheit von 2 Milliarden, die sich von Steak und Fasan ernähren können lieber, als eine von 30 Milliarden, die Algen fressen müssen. Wäre Österreich glücklicher, wenn es statt von 7,5 Millionen von 8, 10, 20 Millionen bevölkert wäre? China hatte die Weisheit und den Mut, drakonische Maßnahmen in Richtung auf ein Ziel zu setzen, das uns, felix Austria, von selbst in den Schoß fällt, nämlich ein Nullwachstum und, wenn wir Glück haben, vielleicht sogar ein leichtes Sinken der Bevölkerungszahl zu erreichen. Dieses sozialpolitisch richtige Ziel braucht bei uns nicht einmal im Gegensatz zu individueller Kinderliebe zu stehen. Auf je niedrigerem Niveau sich die durchschnittliche Kinderzahl einspielt, desto mehr werden wir uns umgekehrt erlauben können, all jenen Familien, die sich eine größere Kinderzahl wünschen, diesen Wunsch auch durch eine angemessenere Kinderbeihilfenpolitik als heute zu unterstützen. Hier stoßen wir auf einen wirklich vernachlässigten Bereich der Sozialpolitik.

Betrachten wir zwei Ehepaare, die beiden Männer gleich alt und im gleichen Beruf, die beiden Frauen gleich alt und im gleichen Beruf tätig. Das eine Ehepaar hat vier Kinder, das andere Ehepaar ist kinderlos. Jahrzehntelang kann sich das zweite Ehepaar alle Annehmlichkeiten leisten, die mit zwei Einkommen für zwei Personen möglich sind. Das erste Ehepaar entschließt sich, daß einer der beiden Elternteile den Beruf aufgibt, um sich voll der Betreuung und Erziehung der Kinder zu widmen. Diese sechs Personen

müssen also von einem einzigen Einkommen leben; wenn es sich um ein Durchschnittseinkommen handelt, so befindet sich diese Familie jahrzehntelang unterhalb der statistisch errechneten Armutsgrenze.
Eines Tages werden die vier Kinder erwerbstätig, und die vier Eltern gehen in Pension. Das zweite Ehepaar bezieht zwei Pensionen, das erste nur eine, aber alle drei Pensionen werden aus den Beiträgen der vier Kinder desjenigen Ehepaares aufgebracht, das sich schon vorher ein Leben lang nichts gönnen konnte und nun im Alter auch von nur einer Pension leben muß. Hier liegt eine krasse Verletzung des Gleichheitsgrundsatzes vor, zumindest in moralischer Hinsicht. Dies ist der Grund, warum es uns allen ein Anliegen sein müßte, eine ungleich stärkere Einkommensumverteilung zugunsten kinderreicher Familien vorzunehmen.
Kehren wir nochmals zu den Grundfragen unseres Pensionssystems zurück. Die Pensionslast wird in den nächsten Jahren nicht so sehr aufgrund demographischer Veränderungen steigen, sondern weil immer mehr Neupensionisten die Maximalzahl der für die Pensionsbemessung anrechenbaren Jahre aufweisen, weil immer mehr Nichtbeitragszeiten als Ersatzzeiten angerechnet wurden und weil immer mehr Personen zu einem immer früheren Zeitpunkt aus dem Erwerbsleben in die Pension überwechseln, wodurch gleichzeitig die Beitragsleistung verringert und die Pensionslast erhöht wird, und weil es immer häufiger zu Mehrfachpensionen (Witwenpension neben Eigenpension) kommt. Daraus geht hervor, daß unser gegenwärtiges Pensionssystem einer grundsätzlichen Revision bedarf.
Zunächst sei festgehalten: Niemand, der im Rahmen unserer Sozialversicherung heute schon eine Pension bezieht oder morgen eine beziehen wird, hat für diese seine Pension selbst eingezahlt. Die Beiträge, die er während seiner Aktivzeit zur Pensionsversicherung entrichtet hat, wurden vielmehr unmittelbar zur Auszahlung der damals fälligen Pensionen verwendet (»Umlageverfahren«). Da die Pensionslast in der Vergangenheit niedriger war als heute (und als sie morgen sein wird), waren die Beitragssätze der Aktiven auch vergleichsweise niedrig. Es bleibt aber als Faktum bestehen und muß allen weiteren Überlegungen zu-

grunde liegen, daß jeder Schilling, der einem Pensionisten bezahlt werden soll, gleichzeitig einem Aktiven aus der Tasche genommen werden muß, sei es in Form von Beitragsleistungen, sei es in Form von Steuern.

Um den sich ändernden Umständen zu entsprechen, gibt es, wenn wir die Rahmenbedingungen unverändert lassen, nur drei Möglichkeiten.

Erstens: Die Pensionen bleiben gleich hoch – dann muß der Beitragssatz der Aktiven ständig weiter erhöht werden oder, anders ausgedrückt, den Aktiven ein immer höherer Prozentsatz ihres Einkommens zur Bedeckung der Pensionen desselben Jahres abgenommen werden.

Zweitens: Der Beitragssatz der Aktiven bleibt gleich hoch; dann müßten alle Pensionen entsprechend schrittweise abgesenkt werden.

Drittens: Die Beitragssätze sollen nicht steigen, aber auch die unterdurchschnittlich dotierten Pensionsempfänger sollen nicht schlechter gestellt werden; dann müssen die überdurchschnittlichen Pensionen (z.B. Mehrfachpensionen) entsprechend stärker gekürzt werden.

Will man alle drei Wege nicht gehen, so bleiben nur Änderungen der Rahmenbedingungen. Ein naheliegender Gedanke ist der, das Pensionsanfallsalter hinaufzusetzen. So ergibt sich für Österreich rein rechnerisch, daß die Finanzierung unserer Pensionen auf Jahrzehnte hinaus gesichert wäre, wenn jeder Österreicher und jede Österreicherin um drei Jahre länger arbeiten würden – dann wären für drei Jahrgänge gleichzeitig mehr Beitragsleistungen und um drei Jahrgänge weniger Pensionsleistungen zu erbringen.

Greifen wir zum Vergleich nur die Altersgruppe der 60–65jährigen heraus, so sind in Schweden 65 Prozent der Männer und 48 Prozent der Frauen dieser Altersgruppe, in der Bundesrepublik Deutschland auch noch 33 Prozent der Männer und 11 Prozent der Frauen, in Österreich aber weniger als 16 Prozent der Männer und 6 Prozent der Frauen berufstätig! Eine Anhebung des durchschnittlichen Pensionsanfallsalters wäre also im europäischen Vergleich weder unsozial noch abwegig.

So einfach ist der Sachverhalt jedoch nicht. Insbesondere bei einem beschränkten Arbeitsmarkt würde ja jeder weiterarbeitende Pensionist einem in das Berufsleben eintretenden jungen Aktiven den Arbeitsplatz »wegnehmen«. Auch ist es in vielen Berufen so, daß man nach einem anstrengenden Arbeitsleben tatsächlich pensionsreif geworden ist, eine verpflichtende Weiterarbeit um drei Jahre also kaum zuzumuten wäre. Umgekehrt gibt es aber viele Aktive, die sich nur schwer in die Tatsache finden, aus der Aktivität in die Pension gestoßen zu werden, die also sehr gerne noch ein paar Jährchen arbeiten würden.

Ungleich zielführender wäre es daher, wie Theodor Tomandl vorgeschlagen hat, den einzelnen sein Pensionsalter selbst wählen zu lassen. Es bräuchte nur ein Mindestpensionsalter vorgegeben zu sein (z.B. 60 Jahre). Bis dahin hätte der Pensionswerber aufgrund seiner geleisteten Beiträge eine bestimmte Anzahl von »Pensionspunkten« erworben. Dann steht er vor der Wahl: Entweder er nimmt eine niedrigere Pension in Anspruch, oder aber er arbeitet weiter und verdient sich durch seine weiteren Beitragszahlungen weitere Pensionspunkte hinzu. Entschließt er sich erst mit 63, 65 oder vielleicht 67 Jahren in Pension zu gehen, so kann dann seine Pension entsprechend höher ausfallen.

Natürlich wären manche technischen Einzelheiten zu klären. So müßte der »Durchrechnungszeitraum« für die Pensionsbemessung das ganze Aktivleben umfassen, wie dies in der Bundesrepublik Deutschland bereits heute der Fall ist und in Österreich auch unschwer schrittweise realisiert werden könnte. Das System wäre jedoch sehr flexibel: In Zeiten, in denen die Belastungsquote besonders ungünstig ist, könnte ein höherer Anreiz zum Aktivbleiben gewährt werden als in Zeiten eines voll ausgelasteten Arbeitsmarktes. Auch das Problem der sogenannten »Ruhensbestimmungen« würde sich von selbst lösen: Stehe ich bereits im Pensionsalter, arbeite jedoch weiter, nehme also meine Pension nicht in Anspruch, so sammle ich dadurch weitere Pensionspunkte, d.h. das Anrecht, anschließend eine entsprechend höhere Pension zu erhalten.

Damit ist aber immer noch nicht die Grundfrage gestellt, ob denn die Aufgabe der Pensionsversicherung die volle Vorsorge im

Alter zu sein hat. Ist es wirklich so, daß Vater Staat das Recht haben soll, den Aktiven den gesamten, für die Auszahlung aller Pensionen erforderlichen Aufwand abzuverlangen? Oder, umgekehrt ausgedrückt: Sollen wir uns diesbezüglich voll an den Staat ausliefern? Sollten wir nicht anstreben, uns einen Teil der Entscheidungsbefugnis über unsere Pensionsbeiträge zurückzugewinnen?
Wir sollten den Mut haben, einmal überhaupt die Grundfrage nach dem Sinn und Zweck eines Pensionssystems zu stellen. Emil Küng sagt sarkastisch, daß die Sozialpolitik unentwegt fortfährt, jene Mängel zu beheben, die zu den Zeiten des Frühkapitalismus bestanden haben. Wenn hingegen der Sinn und Zweck der Sozialpolitik darin gesehen wird, Chancengleichheit anzustreben (etwa, indem Kinderreichtum nicht bestraft wird), für Notfälle vorzusorgen und eine Basissicherung für jedermann zu gewährleisten, so wäre ein alternatives Modell denkbar, wie es etwa in der Schweiz oder in den Niederlanden realisiert ist, wo den Erwerbstätigen ein ungleich geringerer Beitrag aus der Tasche gezogen wird. In der Schweiz spricht man von einem Drei-Säulen-Modell: Die Erwerbstätigen zahlen einen weit geringeren Pensionsbeitrag, dafür deckt die Pensionsversicherung später auch nur eine Basisversorgung ab, die so hoch bemessen ist, daß man ein auskömmliches, aber keineswegs üppiges Dasein hat. Darüber hinaus – und das ist das Entscheidende – hat der Erwerbstätige die freie Wahlmöglichkeit, weitere Beiträge an eine betriebliche Pensionskasse oder für eine individuelle Altersvorsorge zu leisten oder eben nicht; läßt er es sich während seiner Aktivzeit besser gehen, gibt er mehr Geld aus, dann hat er eben später einmal auch nur eine geringere Gesamtpension. Natürlich ließe sich ein solches System in Österreich nicht schlagartig einführen, aber doch über einen Zeitraum von zwanzig oder dreißig Jahren hinweg schrittweise realisieren.

Es ist uns vielleicht gar nicht bewußt, daß wir dieses System, zwischen höherer oder niedrigerer Versorgung wählen zu können, in einem anderen Bereich der Sozialpolitik längst haben, nämlich im Gesundheitswesen. Die Krankenversicherung deckt eine Basisversorgung für jedermann; will man darüber hinaus ein kleineres Spitalszimmer, vielleicht mit Telefonanschluß oder Fernsehapparat, so kann man dafür entweder aus eigener Tasche bezahlen oder aber durch eine Zusatzversicherung vorsorgen. Im übrigen gilt für das Gesundheitswesen im Prinzip dasselbe, was hinsichtlich der Altersversorgung gesagt wurde: Wenn wir vom Staat in alle Zukunft eine Totalversorgung erwarten, so muß unsere Gesundheit unbezahlbar werden. Selbst wenn sich die Krankheitsanfälligkeit jeder Altersgruppe nicht erhöht, wird die Inanspruchnahme des Gesundheitssektors allein durch die steigende Lebenserwartung um 20 Prozent zunehmen. Hinzu kommt, daß immer kostspieligere Behandlungsverfahren eingeführt werden. Im Gesundheitswesen wird es daher mindestens ebenso wie bei der Sicherung der Pensionen-Finanzierung notwendig sein, in einem erheblichen Ausmaß von öffentlichen Leistungen auf Eigenleistungen überzugehen. In finanzieller Hinsicht bedeutet das, wenn etwa ein Pflegefall in einem öffentlichen Pflegeheim monatlich 12 000 Schilling kostet, daß sehr wohl zu überlegen wäre, den Angehörigen des Betreffenden die Hälfte dieses Betrages anzubieten, falls sie bereit sind, den Pflegebedürftigen zu Hause zu umsorgen.

Es ist dies jedoch viel grundlegender zu verstehen. Eine Publikation des bereits genannten schwedischen Instituts für Zukunftsstudien mit dem Titel »Care and Welfare at the Crossroads« nennt drei Grundprinzipien, auf die unser Gesundheitswesen ausgerichtet werden sollte: Erstens sollten die Probleme näher an ihrem Ursprung (in sachlicher wie räumlicher Hinsicht) angegangen werden; zweitens muß sich der einzelne stärker mitverantwortlich fühlen; und drittens muß diese stärkere Mitverantwortung auch in stärkerer Mitwirkung zum Ausdruck kommen.

Die erste Forderung geht weit über den Gesundheitssektor hinaus. Wenn die Voraussetzungen für das Auftreten von Obsorgefällen reduziert werden, wird der gesamte Obsorgesektor entlastet. Mit anderen Worten: Ein gesellschaftliches Hauptziel müßte die Schaffung gesünderer Lebensbedingungen sein.

Zum zweiten und dritten Grundprinzip, der aktiven Mitverantwortung des einzelnen, könnten wir uns sehr viel einfallen lassen.

Der Malteser Hilfsdienst ist heute eher Ausnahme als Regel; aber er zeigt eine gangbare Richtung auf. In einer Gesellschaft, in der viel mehr freie Zeit vorhanden sein wird und in der das Bewußtsein um die eigene Mitverantwortung größer sein wird als heute, könnte es zu unzähligen dezentralisierten, informellen bis quasiformellen Formen der Betreuung all jener kommen, die keiner direkten Krankenhausbehandlung bedürfen. In Vorarlberg gibt es bereits ein ausgebautes, sehr gut funktionierendes System der Prophylaxe und der Nachbetreuung bei Herzerkrankungen. Aber auch in anderen Bundesländern ist es in den letzten Jahren zu vielversprechenden Ansätzen gekommen, meist auf bestimmte Krankheitsformen ausgerichtet wie Krebs, psychische Erkrankungen usw. Auch die Hauskrankenpflege ist in vielen Bundesländern bereits institutionalisiert; dadurch werden nicht nur die Spitäler entlastet, sondern es haben dadurch auch mehr Menschen die Möglichkeit, in der Familie, der gewohnten Umgebung bleiben zu können.
An dieser Stelle kommt jedoch noch ein Faktor hinzu, der die Gesundheitssicherung von der Pensionssicherung unterscheidet, nämlich die stärkere Mitverantwortung des einzelnen im unmittelbaren Sinne. Daß wir älter werden, können wir nicht beeinflussen, unsere Gesundheit aber sehr wohl. Nur allzu viele von uns werden durch unser Sozialversicherungssystem dazu verleitet, nach Belieben in den Tag hinein zu leben. Habe ich mir durch unvorsichtiges Schifahren den Fuß gebrochen, durch übermäßigen Alkoholgenuß ein Leberleiden zugezogen, so hat jemand da zu sein, der mich unentgeltlich wieder in Ordnung bringt. Wir sehen im Arzt quasi den Gesundheitsmechaniker, der dazu da ist, das kaputte Werkel Mensch wieder vollständig in Gang zu setzen, und dem daher auch allein die Schuld zukommt, wenn das Werkel nicht so funktioniert, wie wir es erwarten. Der Arzt sollte eher als Berater gesehen werden, der dem Patienten den Weg aufzeigt, den er selbst zu gehen hat und für den er selbst verantwortlich ist.
Damit ist aber unsere Einstellung zum Gesundheitswesen nur Ausdruck unserer generellen Einstellung zum Versorgungsstaat, Ausdruck einer Passivität, die für alles im Leben einen anderen

verantwortlich macht – die Regierung, die Arbeitgeber, die Sozialversicherung, eben auch den Arzt. Wenn unsere Gesundheit auch morgen noch finanzierbar sein soll, ist es daher vor allem erforderlich, den Hebel bei uns selbst anzusetzen, uns unserer Selbstverantwortung als mündiger Mensch wieder stärker bewußt zu sein.

Fassen wir zusammen: Vieles von dem, was in diesem Abschnitt gesagt wurde, klingt fantastisch und/oder revolutionär, ist es aber nicht. Stellen wir uns vor, es hätte jemand vor hundert Jahren gesagt: In hundert Jahren wird es in Österreich ein System geben, in welchem alle Schulen und Gesundheitsleistungen gratis sein werden und in welchem praktisch die gesamte Bevölkerung eine auskömmliche Pension beziehen wird; außerdem wird die Schulzeit viel länger und die Erwerbszeit viel kürzer sein. An diesen Megatrend hätte niemand geglaubt. Jeder hätte geantwortet: Das ist unmöglich. Wer sollte das bezahlen?
Im Vergleich mit jenen sozialpolitischen Umwälzungen, die wir in der Vergangenheit sehr wohl zustande gebracht haben, sind die hier gemachten Vorschläge nur Randkorrekturen. Sie erfordern nur eines: Uns von den herkömmlichen Denkfesseln zu lösen.

7 Wie schützenswert sind Daten?

In der Datenschutzproblematik geht es nicht um ein einzelnes bedrohtes Grundrecht, sondern um einen Konflikt zwischen Grundrechten. Verschließen wir vor diesem Konflikt die Augen, so kann Datenschutz leicht zu Täterschutz werden. Eigentlich geht es nicht um Daten, sondern um das Vertrauen, das wir in unsere demokratischen Einrichtungen haben.

Es dürfte etwa zwanzig Jahre her sein – das Wort Datenschutz war noch nicht erfunden, und die allgemeine Sozialversicherungsnummer gab es auch noch nicht –, als die Einführung einer Personenkennummer in Österreich diskutiert wurde. Der Gedanke stieß allgemein auf Ablehnung: Man lasse sich seine Persönlichkeit nicht »zur Nummer degradieren«.
Ich erinnere mich noch genau, auf welch entrüstete Ablehnung ich stieß, als ich im Freundeskreis damals (ich gebe zu, bewußt provokant) die Frage stellte: Ist es denn so viel würdiger, durch eine Ansammlung von Buchstaben, nämlich Vor- und Zuname, charakterisiert zu werden als durch eine Ansammlung von Ziffern? Noch dazu, wo durch eine Zahl eine viel individuellere und unverwechselbarere Kennzeichnung möglich sei als etwa durch die Anhäufung der Buchstaben JOHANN MEIER. Außerdem, so sagte ich meinen Freunden, sind wir alle ja schon längst »zu Nummern degradiert«, allerdings in sehr unübersichtlicher und unzweckmäßiger Form, zur Paß-, Führerschein-, Konto- und Telefonnummer.
Meine Freunde waren entsetzt. Offenbar empfindet irgendeine tiefe Schicht in uns eine Scheu vor der Zahl, oder, moderner gesagt, vor der Digitalisierung, der Entsprechung irgendeines (realen oder abstrakten) Tatbestandes durch eine ganze Zahl. Trotz aller Abgeklärtheit läßt uns der kabbalistische Gehalt der Zahl nicht los, von der pythagoräischen Zahlenmystik über Papst Silvester II., der vor tausend Jahren schon im Dezimalsystem rechnen konnte und daher Gerbertus Magus genannt wurde (wenn er nicht überhaupt mit dem Teufel im Bunde war), über

die Angst vor dem Mathematikunterricht, die eine qualitativ andere ist als die vor Englisch oder Geographie, bis hin zum Respekt, der einem Wahlhochrechner entgegengebracht wird.
Diese latente Scheu vor der Zahl als solcher wurde potenziert durch das Eindringen digitaler Rechenanlagen in immer weitere Bereiche des täglichen Lebens. Es erscheint heute kaum glaublich, daß noch vor einer Generation Bankzinsen, Versicherungsprämien, Pensionsanpassungen, Gasrechnungen durchwegs händisch erstellt werden mußten! Das Aufkommen der Rechenanlagen begegnete einer doppelten psychologischen Barriere: der generellen Angst vor der Zahl und der generellen Scheu vor jeder Neuerung.
Es kommt aber noch eine Komponente hinzu, die aus der Maslovschen Bedürfnispyramide resultiert. Im Krieg hatte man nur den Wunsch zu überleben. Nach dem Krieg dominierte die Sorge um Nahrung, Wohnung und Heizung. Hätten wir damals schon das heutige Ausmaß an Computerisierung erreicht gehabt, hätte uns Datenschutz wenig bekümmert. Mittlerweile wittern wir ringsum Bedrohungen, einfach deshalb, weil wir die Sorgen tieferer Stufen der Bedürfnispyramide losgeworden sind.
Das heißt nicht, daß es sich um keine wirklichen Probleme handelt, weil diese Probleme nur eingebildet sind. Denn nur die eingebildeten Probleme sind wirkliche Probleme. Entscheidend ist niemals das Problem selbst, sondern die Sichtweise des Problems. Entscheidend ist nicht, ob der Staat seine Macht mißbraucht, sondern ob die Bevölkerung an diesen Machtmißbrauch glaubt. Daran ändert sich auch nichts durch die Tatsache, daß, durchaus folgerichtig, vor allem auch jene Randschichten unserer Gesellschaft, die die demokratische Rechtsordnung ablehnen, mit besonderer Lautstärke auf seiten der Datenschützer zu finden sind. Der daraus entstandene Fehlschluß, die demokratischen Institutionen hätten umso mehr Berechtigung, die Anliegen der Datenschützer zu ignorieren, führte zu der bekannten Eskalation in der BRD.
Die Tatsache, daß im Vergleich hiezu die Szene in Österreich ungleich friedlicher ist, sollte uns aber nicht zur Selbstgefälligkeit verleiten, sondern als Chance verstanden werden, durch recht-

zeitige Steuerung bestimmte Fehlentwicklungen gar nicht eintreten zu lassen. In Österreich ist Datenschutz kein Anliegen breiter Bevölkerungskreise. Dies zeigt sich schon daran, daß das im Datenschutzgesetz verankerte Auskunftsrecht kaum in Anspruch genommen wird. Auch wenn die Massenmedien die Problematik immer wieder einmal hochzuspielen versuchen, hat sie bisher wenig Widerhall gefunden.
Hiebei wird Datenschutz immer nur einseitig vom Standpunkt des bedrohten Grundrechtes auf Schutz der Privatsphäre aus betrachtet, jedoch übersehen, daß es sich in Wahrheit um einen Zielkonflikt zwischen verschiedenen Grundrechten oder Zielvorstellungen handelt. In der Datenschutzproblematik bestehen zumindest drei grundlegende Interessenkonflikte: Zwischen Arbeitnehmer und Arbeitgeber, etwa im Falle des Einsatzes von Personalinformationssystemen; zwischen Personen, die Anspruch auf Schutz ihrer Daten erheben und anderen, die Informationen benötigen, etwa im Falle großer Lieferungen über die Kreditwürdigkeit des Kunden; und drittens zwischen Personen, die Anspruch auf Schutz ihrer Daten erheben, und der Allgemeinheit.
Was den erstgenannten Interessenkonflikt betrifft, wird mit bewegten Worten beklagt, wie insbesondere durch den Einsatz von Personalinformationssystemen der einzelne im Betrieb total überwacht werden wird, bis hin zum Gang auf die Toilette, und wenn der Computer dem Arbeitgeber etwa mitteilt, daß eine jüngere Frau die Toilette überdurchschnittlich häufig besuche, so werde der Arbeitgeber (mit Zylinderhut und Zigarre) nichts anderes im Sinne haben, als diese Frau zu kündigen, bevor sie wegen mitgeteilter Schwangerschaft unkündbar geworden sei. Und wenn in der Werkskantine bargeldlos mit Plastikkärtchen bezahlt werde, so könne der Arbeitgeber es sofort erfahren, wenn jemand zwei Viertel Wein auf sein Tablett gestellt habe.
Wie aber, wenn dieser »jemand« der Werkschauffeur ist, der nach Dienstschluß Mitarbeiter heimführen soll? Und was die schwangere Frau betrifft, schwebt offenbar den Protagonisten des Datenschutzes noch immer das Unternehmerbild des Frühkapitalismus vor. Jeder moderne Unternehmer aber hat längst erkannt, daß

das beste Mittel, einen Betrieb erfolgreich zu führen, darin besteht, seine Arbeitnehmer zu motivieren! So liegt es nicht nur im Interesse des Arbeitgebers, sondern auch im Interesse des Arbeitnehmers, wenn innerhalb eines Unternehmens der richtige Mann und die richtige Frau an den richtigen Platz kommt, nicht nur vom unmittelbaren Effizienzstandpunkt aus, sondern auch vom Standpunkt der »job satisfaction«, also der Zufriedenheit des einzelnen mit dem von ihm wahrgenommenen Arbeitsplatz.

Und hier ist zumindest eine Je-desto-Aussage gerechtfertigt: Auf je mehr Informationen die Zuweisung von Personen an Arbeitsplätze oder von Arbeit auf Personen beruht, desto höher nicht nur die Effizienz, sondern auch die subjektive Zufriedenheit des Arbeitnehmers. Für viele Tätigkeiten wird daher eine detaillierte Kenntnis gesundheitlicher Fragen im Interesse aller Beteiligten sinnvoll sein.

Wie sieht nun die Situation im Interessenkonflikt zwischen einem, der Anspruch auf Schutz seiner Daten erhebt, und dem Informationsbedürfnis eines anderen aus?

Hiezu ein Beispiel: A möchte mit B in Geschäftsbeziehung treten, und zwar in erheblichem Umfang. Bevor sich B an A bindet, hat er ein berechtigtes Interesse daran, über die Bonität von A möglichst umfassende Informationen zu erhalten, also auch Bankauskünfte. Würde der Gedanke des Datenschutzes verabsolutiert, so dürfte B überhaupt nichts über A in Erfahrung bringen dürfen. Hier ist der Sachverhalt klar. Der Mensch als soziales Wesen ist Subjekt *und* Objekt des Informationsverkehrs und kann sich hievon nicht ausschließen. Dem grundrechtlichen Geheimhaltungsanspruch steht auch ein Recht auf freien Informationsempfang gegenüber. Ich bekenne mich zu meinem freien Recht, ein Geschäft zu eröffnen und meinen Lieferanten das Geld schuldig zu bleiben; ich muß mich aber gleichzeitig dazu bekennen, daß ein prospektiver weiterer Lieferant ein eher höheres Recht darauf hat, über mein Nichtbezahlen von Rechnungen informiert zu werden.

Nun drei Beispiele zum Interessenkonflikt zwischen dem, der Anspruch auf Schutz seiner Daten erhebt, und der Allgemein-

heit; zwei davon gute zwanzig Jahre zurückliegend, das dritte aus jüngster Zeit.
In den USA hatte ein dreizehnjähriger Bub einen Ladendiebstahl begangen. Sein Name kam daher auf eine – damals eben neu eingeführte – Datei über Ladendiebe, die allen Kaufhäusern zur Verfügung stand. Als er sich nach Schulabgang um einen Posten in einem Kaufhaus bewarb, wurde er abgewiesen.
In der Frühzeit des österreichischen Bundesheeres ereignete sich unter eben einberufenen Präsenzdienern ein Kameradschaftstotschlag. Es stellte sich heraus, daß der Totschläger bereits mehrfach in psychiatrischer Behandlung gestanden war, diesen Tatbestand anläßlich der Musterung jedoch verschwiegen hatte. Wäre der Stellungskommission diese Information irgendwie zugänglich gewesen, wäre er zweifellos zum Dienst mit der Waffe für untauglich erklärt worden und sein Kamerad am Leben geblieben.
Eine Frau in Schweden vermietete einen Teil ihrer Wohnung immer wieder an Untermieter. Ihr Sohn war bei der Polizei beschäftigt und hatte Zugang zum Strafregister. Als sich wieder einmal ein neuer Untermieter um ein Zimmer bewarb, informierte der Sohn die Mutter, daß der Bewerber eine längere Zeit zurückliegende, inzwischen getilgte Vorstrafe im Zusammenhang mit der Drogenszene aufwies, worauf die Frau ihm das Zimmer verweigerte.
Noch vor dreißig Jahren wäre uns eine Beurteilung aller drei Beispiele nicht schwergefallen. Daß sich ein Ladendieb um einen Posten in einem Kaufhaus bewirbt, hätten wir als Frechheit bezeichnet, es aber umgekehrt für richtig befunden, daß der prospektive Arbeitgeber seine Entscheidung über Anstellung oder Nicht-Anstellung in Kenntnis der seinerzeitigen Verfehlung treffen sollte. Daß die Stellungskommission mit allen zu Gebote stehenden Mitteln Informationen über die physische und psychische Gesundheit der Stellungspflichtigen erhalten sollte, hätten wir nicht bezweifelt. Im dritten Beispiel hätten wir zwar den Tatbestand des Amtsmißbrauches seitens des Polizisten erkannt, seiner Mutter aber dennoch nicht das Recht abgesprochen, sich ihre Untermieter – aufgrund welcher ihr vorliegenden bzw. von ihr beschaffbaren Informationen auch immer – auswählen zu dürfen.

In den vergangenen Jahrzehnten hat sich eine alternative Denkschule der Kriminalsoziologie entwickelt, die anomisches Verhalten zu erklären und zu entschuldigen versucht, meist indem sie es jenen anlastet, die sich nicht so verhalten haben. Überspitzt formuliert: Nicht der Mörder ist schuld, sondern der Ermordete.

Ich würde als Kaufhausbesitzer dem Burschen eine Chance geben. Allerdings – und hier liegt der entscheidende Unterschied – in Kenntnis seines früheren Ladendiebstahls! Es fiele mir sehr schwer, sein Recht auf »Schutz der Privatsphäre«, sprich Verheimlichung der Verfehlung, höher zu bewerten als das Recht der Allgemeinheit, insbesondere eines prospektiven Arbeitgebers, über diese Verfehlung Bescheid zu wissen. Dies ist keineswegs reine Theorie: In einem – mir gut bekannten – Bundessportheim war es ein offenes Geheimnis, daß wissentlich Gastgewerbepersonal beschäftigt wurde, das wegen einschlägiger Eigentumsdelikte vorbestraft war. Es war dies in beiderseitigem Interesse von Arbeitgeber und Arbeitnehmer: Der Leiter des Heimes konnte nicht mehr als kollektivvertragliche Bezahlung bieten, und die rehabilitationswilligen Angestellten wußten genau, daß, wenn sie sich eine Zeitlang in dieser Position bewährt hatten, sie anderswo einen besser bezahlten Posten finden konnten – in voller Kenntnis des neuen Arbeitgebers über ihre Vorstrafe und Bewährung.
Analoges gilt bezüglich des Präsenzdieners. Mit Recht sieht daher das Österreichische Datenschutzgesetz in bezug auf die öffentliche Verwaltung Ausnahmen von dem in § 18 festgehaltenen grundsätzlichen Übermittlungsverbot vor. Sie gelten jedenfalls hinsichtlich aller gesetzlichen Übermittlungspflichten (§ 18 Abs. 2), wie sie in Form von Zeugenpflichten, Auskunftspflichten gegenüber Gerichten, Finanzbehörden, Sozialversicherungsträgern oder anderen öffentlichen Dienststellen bestehen. Die oben angeführten Beispiele zeigen jedoch, daß über die gesetzlichen Übermittlungspflichten hinaus noch eine weite Grauzone bestehen bleibt, in der das Schutzbedürfnis des einzelnen mit dem Schutzbedürfnis der Allgemeinheit kollidiert.
Gehen wir nun von den Interessenkonflikten, die wir auf drei

Ebenen diskutiert haben, zu den allgemeineren Zielkonflikten über, von denen ich zwei herausgreifen möchte.

Einer der profundesten Kenner der Materie, Leo Reisinger, hat den lapidaren Satz ausgesprochen: *»Datenschutz ist unökonomisch.«* Diese Feststellung ist zunächst einmal unmittelbar einleuchtend: Bei ausgebautem Datenschutz ist es für jeden einzelnen mit erheblich hohen Kosten und Schwierigkeiten verbunden, sich die Informationen, die er benötigt, zu verschaffen; anders, wenn Daten schutz nicht so streng interpretiert wird. Vom ökonomischen Standpunkt aus wäre zudem die »Mehrfachbenützung von Daten« in doppeltem Sinne günstig: Sie reduziert Kosten für die Allgemeinheit und entspricht dem Grundsatz der Sparsamkeit, sie liegt aber auch im Interesse des Befragten, der dieselben Tatbestände nicht mehrfach zu beantworten braucht.

Der moderne Sozialstaat kann seine Leistungen nur aufgrund einer Fülle personenbezogener Daten erbringen, die tief in die sogenannte Privatsphäre eindringen, und hiezu reichen die ihm gesetzlich gebotenen Möglichkeiten oft nicht aus. Wie sollen die Kosten einer Aufhebung von Ruhensbestimmungen abgeschätzt, Varianten von Teilzeitbeschäftigung beurteilt werden oder die Rückwirkung eines erhöhten Karenzgeldes auf die Neigung von Frauen, mehr Kinder zu bekommen und/oder eine Reduktion der Arbeitszeit anzustreben?

Erschwert die Bevölkerung dem Sozialstaat die Wahrnehmung seiner Aufgaben, die sie sich von ihm erwartet, indem sie ihm die erforderlichen Informationen verweigert, bis hin zur massenhaften Nicht-Abgabe von Volkszählungsbogen wie in der BRD, so ist dies zutiefst unökonomisch.

Aber auch österreichische Beispiele lassen sich anführen: Der Staatsbürger ist daran interessiert, daß der Finanzausgleich möglichst »gerecht« vor sich geht, daß also die Bevölkerungszahl der einzelnen Gemeinden, die ja dem Finanzausgleich zugrundegelegt wird, möglichst richtig ermittelt wird. Anläßlich der letzten Volkszählung haben jedoch viele Österreicher, die über mehr als einen Wohnsitz verfügen, irrtümlich oder absichtlich einen Nebenwohnsitz als Hauptwohnsitz angegeben. Die amtliche Aufklärung dieser Fälle erforderte ein Zusammenführen per-

sonenbezogener Daten verschiedener Herkunft ohne ausdrückliche Zustimmung des einzelnen Betroffenen, also genau das, was Grundprinzipien des Datenschutzes eigentlich widerspricht.
Paradoxerweise wird gerade in jenen Ländern die Datenschutzproblematik am stärksten hochgespielt, in denen gleichzeitig die höchsten Ansprüche an den Sozialstaat gestellt werden. Dieser scheinbare Widerspruch zwischen totalem Leistungsanspruch an den Staat einerseits, totalem Anonymitäts- und Freiheitsanspruch andererseits manifestiert sich heutzutage aber nicht nur in der Datenschutzfrage, sondern auch in zahlreichen anderen Lebensbereichen. So nimmt der einzelne sehr wohl für sich die Freiheit in Anspruch, Schitouren unternehmen zu können, wo es ihm beliebt; wenn es aber zum Unfall kommt, erwartet er als selbstverständlich, daß Bergrettung, Hubschrauber und Operationsteam (in totaler Unfreiheit) nur auf ihn gewartet haben.

Hier zeigt sich der zweite und viel grundlegendere Zielkonflikt: der Konflikt zwischen Freiheit und Schutz. In der kleinen Dorfgemeinschaft wird der einzelne total kontrolliert, aber von der Gemeinschaft im Bedarfsfall total getragen. Begibt er sich von dort entweder als Eremit in den Urwald oder in die Anonymität der Großstadt, so genießt er zwar eine bisher ungekannte Freiheit; es gibt aber keine Gruppe, die ihn trägt. Verschiedene Gesellschaften haben zu verschiedenen Zeiten im Kontinuum zwischen diesen beiden Extremen entweder für mehr Freiheit bei weniger Schutz oder für mehr Schutz bei weniger Freiheit optiert. Gegenwärtig gibt es etwa in China wenig Freiheit und viel Schutz, in New York viel Freiheit und wenig Schutz. Es wäre verlockend, die These zu diskutieren, ob mit zunehmendem Zivilisationsgrad notwendig eine Verschiebung von weniger zu mehr Freiheit verbunden ist; es genügt aber festzustellen, daß zuviel Inanspruchnahme von persönlicher Freiheit in Anarchie, dem Aufhören jedes Schutzes, und damit letztlich in totaler Unfreiheit enden muß.
Vor allem gilt aber die triviale Feststellung, daß in jeder menschlichen Gesellschaft Regeln des Zusammenlebens existieren müssen. In demokratischen Gesellschaften geht das Recht vom

Volk aus und beruhen diese Regeln daher auf dem Konsens breiter Bevölkerungsschichten. Damit hat aber jede demokratische Gesellschaft nicht nur das Recht zu definieren, welches Verhalten von ihr als anomisch empfunden wird, sie hat auch das Recht, sich vor diesem anomischen Verhalten mit den ihr jeweils zu Gebote stehenden Mitteln zu schützen.

Daher ist auch eine »Rasterfahndung« nicht à priori böse. Wenn sie in Diktaturen der Legitimität entbehrt, so deshalb, weil die Diktatur der Legitimität entbehrt, nicht die Rasterfahndung, die politisch Andersdenkende dingfest machen soll. In einer demokratischen Rechtsordnung sollte sie jedoch hinsichtlich all jener legitim sein, die sich bewußt außerhalb dieser demokratischen Rechtsordnung stellen.

Aus alledem folgt: Der Begriff der »mißbräuchlichen Verwendung« von Daten ist weder eindeutig noch objektiv zu definieren. Er ergibt sich vielmehr aus den Gewichtungen, die den einzelnen in Konflikt stehenden Interessen oder Zielen beigemessen werden.

Diese Gewichte sind, wie schon ausgeführt, in einzelnen Gesellschaften verschieden, und sie verschieben sich auch innerhalb einzelner Gesellschaften im Laufe der Zeit. Allerdings liefert die Anthropologie einen Hinweis darauf, welches Verhältnis von Freiheit zu Schutzbedürfnis dem Homo sapiens adäquat ist.

Während der ersten 99 Prozent seiner Entwicklungsgeschichte lebte der Mensch in Kleingruppen, mit totaler Transparenz und totalem Schutz. Ich wage daraus die Schlußfolgerung zu ziehen, daß der Mensch soziologisch für die Kleingruppe geprägt ist. In seinem köstlichen Buch »Ist Fortschritt ein Verbrechen?« schildert Victor Gruen, wie sich in seinem Architekturbüro alle Mitarbeiter am wohlsten fühlten, solange die Betriebsgröße ein Dutzend nicht überstieg; jeder hatte seinen angestammten Platz, jeder war auf alle anderen eingespielt. Mit dem Erfolg seines Büros stieg die Zahl der Mitarbeiter, stieg die Anonymität, wurden Koordinierungsaufgaben erforderlich und kam es – durch die nicht mehr gegebene volle Transparenz! – zu Entfremdung und Frustration.

Im Kleinbetrieb weiß jeder von jedem, wann er die Toilette aufsucht; es hat dies Jahrtausende hindurch niemanden gestört, und es stört diese totale Transparenz auch heute noch niemanden, der in einem Kleinbetrieb arbeitet, und dies ist ein hoher Prozentsatz der arbeitenden Bevölkerung unserer Länder. Wenn aber diese Transparenz in größeren Betrieben heute als Problem empfunden wird, so heißt dies nichts anderes, als daß das Problem eben nicht in der Transparenz liegt, sondern darin, daß diese Betriebsform als solche dem Menschen anthropologisch nicht adäquat ist.

Dann ist aber alles Herumdoktern am Datenschutz nur Symptomkur, so als würde man Scharlach dadurch behandeln, daß man die roten Flecken mit Puder bestäubt.

Damit bleibt vieles, was die Gemüter bewegt, Diskussion um rote Flecken. Zum Beispiel die immer wieder diskutierte Frage, ob durch die Computerisierung nur eine quantitativ oder eine qualitativ höhere Stufe der Transparenz erreicht wird. Mit noch so viel Computerisierung kann niemals die totale Transparenz der Kleingruppe, des Kleinbetriebes erreicht werden. Damit ist auch »Menschenwürde«, oder vielmehr: Verletzung der Menschenwürde, ein äußerst fragwürdiger Begriff, der eben nicht losgelöst von der Frage behandelt werden kann, welche anderen Prinzipien verletzt werden, ja, welches anderen Menschen Würde verletzt wird, wenn ich meine eigene Menschenwürde zu maximieren suche.

Noch ein Problembereich ist anzuführen: Allzu enge Auslegung des Schutzes der Persönlichkeitssphäre behindert sowohl die soziologische als auch die medizinische Forschung, weil sie über bestimmte Reizbegriffe des Datenschutzes nicht hinwegkäme.

Ein solcher Reizbegriff ist die »Personenbezogenheit«; Daten dürfen nur anonymisiert verwendet werden. Wie soll man dann Verlaufsstatistiken verfolgen? Dem Zusammenhang zwischen einer zuletzt aufgetretenen Erkrankung und Vorerkrankungen, an die der Erkrankte nicht denkt oder nicht denken möchte, auf die Spur kommen?

Ein zweites Reizwort: Das Einverständnis des zu Befragenden. Welches Vertrauen hätten wir in Ergebnisse des Mikrozensus, wenn nur jene antworten, die dazu gerade Lust haben? Und wie soll die Krebsforschung weiterkommen, ohne von jedem Patienten eine möglichst lückenlose Vorgeschichte zu kennen, und zwar auch in den Fällen, in denen der Arzt dem Patienten den Krebsverdacht nicht mitgeteilt hat, also die Einwilligung des Betroffenen gar nicht eingeholt werden kann? Die European Science Foundation, eine Dachorganisation der Forschungsförderungsverbände der Länder des Europarates, hat daher bereits 1981 ein »Statement Concerning the Protection of Privacy and the Use of Personal Data for Research« beschlossen und den Regierungen aller betroffenen Staaten übersandt, ein Dokument, in dem sie ihrer großen Besorgnis über die Schwierigkeiten Ausdruck verlieh, denen sich die wissenschaftliche Forschung bei fortschreitender Datenschutzgesetzgebung gegenübersehen muß.

Aus allem bisher Gesagten geht hervor: In der gesamten Datenschutzproblematik geht es eigentlich gar nicht um Datenschutz, sondern um das Funktionieren unseres demokratischen Systems, genauer: um das Vertrauen, das die Bevölkerung eines Landes dem Funktionieren ihres demokratischen Systems entgegenbringt. Entscheidend ist nicht der Wortlaut von Datenschutzgesetzen; entscheidend ist die Einstellung der Bevölkerung zur öffentlichen Verwaltung. In Österreich ist die Situation nicht deshalb besser, weil wir das bessere Datenschutzgesetz haben, sondern weil die Bevölkerung in die Tätigkeit der öffentlichen Verwaltung mehr Vertrauen hat als in anderen Ländern. Bei uns sind die Anliegen des Datenschutzes gegenüber der amtlichen Statistik bereits erfüllt gewesen, bevor das Wort Datenschutz überhaupt erfunden war: Die vom Statistikgesetz 1965 vorgeschriebene Geheimhaltung wird vom Österreichischen Statistischen Zentralamt generell, selbst den Landesstatistischen Ämtern gegenüber, so streng gehandhabt, daß dieses Vertrauen heute besteht.

Und hier ist der Hebel anzusetzen, nicht beim Ausfeilen einzelner Paragraphen: Die öffentliche Verwaltung muß mit allen Kräften bemüht sein, sich nicht als eine dem Normalbürger übelwollende Obrigkeit zu erweisen, sondern muß vielmehr alles tun, um das meist unvermeidbare Spannungsverhältnis zum Normalbürger zu reduzieren. In dem Maß, in dem sich der

Normalbürger nicht einer allmächtigen Verwaltungsmaschinerie ohnmächtig gegenübersieht, sondern von Verwaltung und Gerichtsbarkeit die Wahrnehmung seiner Interessen erlebt, kommt die Datenschutzproblematik gar nicht zum Tragen.
Wenn ich einen schweren Verkehrsunfall erleide und bewußtlos in die nächstgelegene Intensivstation eingeliefert werde, so würde ich mir wünschen, in einem Lande zu leben, in welchem der jeweils diensthabende Arzt auf Knopfdruck über einen medizinischen Zentralcomputer alle für mich relevanten Daten abrufen kann. Nicht im medizinischen Zentralcomputer liegt das Problem, sondern in dessen Gebrauch oder Mißbrauch. Ich hätte auch gar nichts dagegen, wenn das Finanzamt über totale Transparenz hinsichtlich der Einkünfte aller Staatsbürger verfügt – warum soll der Steuersatz für die anständigen Steuerzahler nur deshalb höher sein, als er sein müßte, weil es anderen, weniger anständigen Steuerzahlern gelingt, Steuer zu hinterziehen?
Auch in der Datenschutzproblematik zeigt sich also, daß eine systemische Betrachtungsweise, die den Dingen auf den Grund zu gehen versucht, zu anderen Ergebnissen kommt als eine, die nur von einigen wenigen oberflächlichen Symptomen ausgeht.

8 Lernen für die Zukunft

Die beginnende Informationsgesellschaft erfordert andere Bildungsziele und andere Bildungsinhalte als die Welt von gestern, sie bietet aber auch andere Möglichkeiten. Vernetztes, ganzheitliches Denken, Denken in Alternativen, Denken in Widersprüchen sollte unser Bildungssystem durchziehen. In einer sich rasch ändernden Welt ist Bildung auch weit mehr als Ausbildung: Sie soll den Menschen dazu erziehen, auch geänderte Anforderungen zu bewältigen. Das Bildungssystem von morgen wird bunter sein; auch wird Bildung das ganze Leben begleiten.

Seit es Schule gibt, ist diese in Frage gestellt worden. Stets wurde empfunden, daß die Schule den Anforderungen ihrer Zeit nicht gerecht wird.
Zunächst Selbstkritik: Es ist immer leicht und verlockend, jene zu kritisieren, an die man eine lästig gewordene Verantwortung abgeschoben hat. Familie und Arbeitsstätte haben ihre Verpflichtung, die Jugend zu erziehen, an die Institution Schule abgegeben (sicher, der Staat hat hierbei kräftig Vorschub geleistet). Ich habe noch keine Hausfrau gesehen, der ihre Hausgehilfin, an die sie ihre Arbeit delegiert hat, alles recht gemacht hätte; also darf es uns nicht wundernehmen, wenn die Schule für vieles verantwortlich gemacht wird, wofür wir selbst die Verantwortung zu tragen hätten. Dennoch, oder vielleicht gerade deshalb, muß heute mehr denn je die Frage gestellt werden: Wird die Schule den Anforderungen der Gegenwart, den Anforderungen der Zukunft gerecht? Was sind diese neuen Anforderungen?
Die Anforderungen, die die Zukunft stellt, werden sich in mehrfacher Hinsicht grundsätzlich von denen unterscheiden, die bisher an das Lernsystem im allgemeinen und an das Schulsystem im besonderen gestellt wurden, weil manches, was bisher genügte, jetzt nicht mehr genügt, und weil manches, was bisher richtig war, mit einem Male falsch geworden ist.
Die Entwicklung der menschlichen Zivilisation hat heute einen Punkt erreicht, bei dem eine Fortsetzung des bisherigen Weges Vernunft zu Unsinn, Wohltat zu Plage werden läßt.
Unser gesamtes Denken, und damit unser gesamtes Lernsystem, ist auf diese neue Situation nicht ausgerichtet. Immer noch glau-

ben wir, daß das, was die Generation der Väter für richtig empfunden hat, unverändert auch für die Generation der Kinder richtig ist. Wir erziehen zum Spezialistentum, also zur Vorstellung, daß ich jedes Problem an einen Experten abschieben kann, der davon alles zu verstehen hat. In den Schulen wird erklärt, daß jedes Problem klar definiert ist und es zu jeder Frage *eine*, die richtige Antwort gibt, die bei der Schularbeit anzugeben ist – richtige Antwort sehr gut, andere Antworten nicht genügend.

Das ist nicht primär der Schule anzulasten, sondern jenem Denksystem und Weltbild, das sich in den vergangenen Jahrhunderten als äußerst erfolgreich erwiesen hat; ein naturwissenschaftliches, »physikalistisches« Weltbild, das auf dem kartesianischen Rationalismus beruht und dessen Umsetzung den Ländern der gemäßigten Zone einen so deutlich sichtbaren Entwicklungsvorsprung vor allen anderen Gegenden der Erde gebracht hat, daß niemand seine Überlegenheit und absolute Gültigkeit anzuzweifeln wagte.

Der analytischen Denkweise zufolge läßt sich jedes Problem sauber in Detailprobleme zerlegen, und aus dem Zusammenbau der Einzellösungen ergibt sich dann die Problemlösung schlechthin. Nach diesem Denkmodell werden für die Errichtung von Kernkraftwerken ausschließlich Physiker und Ingenieure für zuständig gehalten, für das Sterben der Wälder Forstexperten.

In seinen Veröffentlichungen hat der Ex-Österreicher Fritjof Capra diesen Rationalismus des Mechanismus und des Reduktionismus bezichtigt. Ihm wohne die irrtümliche Überzeugung inne, daß es genüge, jedes Problem auf seine unmittelbar manifesten, formalisierbaren Komponenten zu reduzieren. Heute genügt das nicht mehr, betont Capra: »Heute leben wir in einer global verknüpften Welt, in der physische, biologische, soziale, technologische Phänomene und Probleme alle voneinander abhängig sind. Und um eine solche Welt zu beschreiben und verstehen zu können, brauchen wir eine ökologische Perspektive, eine Perspektive, die das kartesianische Weltbild nicht bietet.« Die ökologische Perspektive habe zwei Komponenten: die universale innere Verbundenheit und gegenseitige Abhängigkeit aller Phänomene sowie die zutiefst dynamische Natur der Wirklichkeit.

Capra steht mit dieser Sicht keineswegs allein. Frederick Vester, in Österreich Herbert Pietschmann, Christoph Günzl und viele andere Denker konstatieren übereinstimmend, daß wir uns in einer Wahrnehmungskrise befinden, die den Wechsel von einem Weltbild zu einem anderen charakterisiert, das, was Thomas Kuhn als »Paradigmenwechsel« bezeichnet.
In dem Buch »Zukunftschance Lernen«, das der Club of Rome vor einigen Jahren von Salzburg aus der Weltöffentlichkeit vorstellte, findet sich ein hübsches Beispiel, wie sehr unser Denksystem und damit unser Schulsystem auf eine Reduktion eines Problems auf Einzelaspekte und auf deren statische Behandlung ausgerichtet ist.
Betrachten wir den Satz: »Für die Sonntagsausgabe einer großen Zeitung mit einer Auflage von einer Million Exemplaren braucht man einen Wald von zirka 40 Hektar.« Was würde mit diesem Satz in unserem Schulunterricht geschehen? Im Deutschunterricht würde man Satzanalyse und Wortanalyse betreiben; in Rechnen den Papier- und Holzbedarf ausmultiplizieren, in Naturgeschichte die verschiedenen Baumarten durchnehmen. Statt dessen sollte aber im Schulunterricht über die Zusammenhänge nachgedacht werden, und zwar eben nicht statisch, sondern dynamisch: Wie rasch wächst der Wald nach? Gäbe es Möglichkeiten, mit einem geringeren Holzverbrauch auszukommen, etwa indem eine Zeitung jeweils von mehr Menschen gelesen werden könnte? Inwieweit könnte Teletext, also via Bildschirm abrufbare Information, eine Tageszeitung ersetzen? Oder, auf einer Meta-Ebene: Welche weiteren Fragen stellen sich?
Es geht aber nicht nur um systemische statt reduktionistischer, um dynamische statt statischer Betrachtungsweise. Ein weiterer Gegensatz, der das alte vom neuen Lernen unterscheidet und der im Buch des Club of Rome herausgearbeitet wird, ist der zwischen tradiertem, erhaltendem und innovativem, antizipatorischem Lernen: »Tradiertes Lernen, das wir als den Erwerb festgelegter Auffassungen, Methoden und Regeln definieren, um bekannte, sich wiederholende Situationen zu bewältigen, ist die Art des Lernens, die dazu dient, ein existierendes System oder eine etablierte Lebensform zu erhalten. Es ist – und wird auch in Zu-

kunft – für die Funktionsfähigkeit und Stabilität jeder Gesellschaft notwendig sein. Aber eine andere Art des Lernens ist noch wichtiger für das langfristige Überleben einer Gesellschaft, und zwar besonders in Zeiten der Unruhe, der Veränderungen und Diskontinuität. Es ist die Art des Lernens, die Veränderung, Erneuerung, Umstrukturierung und Transformation hervorbringen kann und die wir das innovative Lernen nennen wollen.«

Wir lernen, wie wir uns im Straßenverkehr bei Grün, Gelb und Rot zu verhalten haben. Wir lernen aber nicht, was zu tun ist, wenn das Ampelsystem einmal ausfällt!

Dieses innovative Lernen hat es an sich auch bisher schon immer gegeben, meist jedoch im Sinne des Sprichwortes »Durch Schaden wird man klug«. Ein solches Lernen durch Schaden mag in der Geschichte der Menschheit ausgereicht haben, als der Schaden zeitlich und örtlich begrenzt war. Beim Ausmaß der heutigen Problematik käme uns aber diese Art von Lernen in jeder Hinsicht zu teuer. Es geht also darum, ein innovatives Lernen zu installieren, das uns instandsetzt, die neue Situation, die durch den Schaden entstünde, von vornherein gar nicht entstehen zu lassen, sich also antizipativ auf eine solche Situation einzustellen. Raoul Kneucker sagt dazu: »Innovatives Lernen heißt problemorientiert, divergent denken können, Dissonanzen verkraften lernen, unabgeschlossene Situationen und Alternativen erfassen.«

Immer wieder wird behauptet: In der Praxis ist das doch kaum durchführbar. Uns sind durch die Lehrpläne, durch das Schulunterrichtsgesetz, durch unzählige Vorschriften die Hände gebunden.

Gewiß, die gegenwärtige Verrechtlichung und Vervorschriftung des Schulbetriebes ist neuen Tendenzen gegenüber mehr als feindlich, und umfassende Reformen in die angedeutete Richtung werden auf sich warten lassen.

Aber auch innerhalb der gegenwärtigen Fesseln wäre vieles möglich. Nehmen wir als ein Beispiel den Mathematikunterricht, der gerade in den vergangenen Jahrzehnten in die verkehrte Richtung gegangen ist. Die Tendenz war, den Schulunterricht durch möglichste Abstraktion zu »verwissenschaftlichen«.

Ich erinnere mich sehr genau an die ungeheure Freude, die ich als Fünfzehnjähriger empfand, als ich das Rückwärtseinschneiden lernte, die Bestimmung der Lage eines Schiffes ausgehend von drei festen Punkten am Festland, nur mit Hilfe der Winkel. Die blutleere Definitionitis mancher heute verwendeten Lehrbücher treibt mir hingegen die Haare zu Berge. Was fängt ein gesundes Kind an mit der nackten Behauptung »Ein Vektor ist ein geordnetes n-Tupel von Zahlen«?

Es gibt allerdings auch schon andere Lehrbücher. Bei Bürger/Fischer wird der Vektorbegriff über die Ausgaben im Schulschikurs eingeführt; das leuchtet ein. Hervorragend sind auch die Physik-Lehrbücher von Sexl-Raab-Streeruwitz. Und was könnte mit den für Schulen zur Verfügung stehenden, jedoch unzureichend genutzten audiovisuellen Mitteln nicht alles geschehen! Ich mußte in Naturgeschichte Tabellen von Vögeln auswendig lernen und habe die mir damit anerzogene Aversion bis heute nicht überwinden können. Damals gab es noch keine Lehrfilme, die in anschaulicher Weise größere Zusammenhänge hätten darstellen können. Mein Sohn aber mußte genauso in Geographie Größe und Einwohnerzahl aller Zwergstaaten Mittelafrikas aufsagen. Um wieviel mehr hätte ihm ein Lehrfilm geboten, der etwa von einem über die Sahelzone fliegenden Hubschrauber aus aufgenommen wurde: Der Kommentar könnte die Problematik des Zusammenhanges zwischen steigender Gesundheit der Bevölkerung, steigendem Bevölkerungsdruck, Überweidung, Versteppung und Auswirkungen auf das Klima darstellen, und diese Erkenntnisse könnten in der anschließenden Diskussion vertieft werden. Audiovisuelle Hilfsmittel sollen den Lehrer keineswegs ersetzen, sondern nur unterstützen und entlasten.

Es würde auch nicht allzuviel Mühe kosten, Querbezüge zu dem Stoff, der in anderen Gegenständen gerade gleichzeitig durchgenommen wird, herzustellen. Der Lehrer vergibt sich auch nichts, wenn er aufzeigt, daß die richtige Antwort auf ein gegebenes Problem von der Sichtweise des Problems abhängt. Er braucht nicht als der allwissende Guru vor den Kindern dazustehen. Es imponiert viel mehr, wenn die Kinder sein Urteilsvermögen zu bewundern lernen. Lehrer sollen wieder »Hebammen des Lern-

prozesses und Erzieher, nicht Instruktoren sein« (Raoul Kneucker). Das hat nichts mit Flucht in die Unverbindlichkeit zu tun, wie dies vielfach in den letzten Jahren, etwa auch im Religionsunterricht, geschehen ist.
Es gibt bereits ein amerikanisches Lehrbuch für die Unterstufe von Colleges, also dem Niveau unserer 7. und 8. Klasse der Allgemeinbildenden Höheren Schulen entsprechend, in welchem diese Denkweise systematisch geschult wird, und zwar ein Lehrbuch der Systemdynamik von Nancy Roberts und Mitarbeitern. Systemdynamik ist der von Jay Forrester entwickelte, einfach handhabbare Algorithmus zur Darstellung und rechnerischen Analyse komplexer Tatbestände. In jedem Abschnitt dieses Buches wird die Methode erweitert, werden dieselben Beispiele wieder aufgenommen, wobei sich aber jedes Mal, aufgrund der erweiterten Sichtweise, eine andere Antwort als »richtig« erweist! Auf Seite 177 werden neun verschiedene Sichtweisen der Kernkraftproblematik gegeben, und eine Hausaufgabe lautet: Füge diesen neun Sichtweisen mindestens zwei (!) weitere hinzu. Wodurch unterscheiden sich diese? Formuliere klar jede Sichtweise und erkläre, wie sie sich aus der Situation jener Personen ergibt, die diese Sichtweise haben.
Systemdynamik könnte in unseren Schulunterricht auf mehreren Stufen eingebaut werden, ausgehend vom Mathematikunterricht, in dem dafür manche anderen Kapitel von vergleichsweise wesentlich geringerer Relevanz weggelassen werden könnten.
In dem erwähnten Buch des Club of Rome wird auch der Notwendigkeit antizipatorischen Lernens die Notwendigkeit partizipatorischen Lernens zur Seite gestellt. Hiebei ist partizipatives Denken nicht nur als eine Beteiligung an Rechten, sondern insbesondere auch als eine Beteiligung an Pflichten, als Mitarbeit und Mitverantwortung anzusehen.
»Partizipation heißt, eine aktive Rolle übernehmen. Wenn eine übermäßig spezialisierte Ausbildung die Zukunftsaussichten des Menschen bestimmt, behindert sie die Partizipation, blockiert sie die Entfaltung des Individuums und trägt zur persönlichen Entfremdung von der Gesellschaft bei. Dennoch kann keine Gesellschaft in Zukunft auf ihre Spezialisten verzichten; deshalb ist es

wichtig, daß das innovative Lernen die Spezialisierung mit der Partizipation verbindet. Jeder Chirurg sollte z. B. auch ein aktiver Bürger sein.«
Auch diese Art des Lernens wird in unserem Schulsystem, das ausschließlich auf individuelles Lernen und individuelle Leistung ausgerichtet ist, vernachlässigt. Der einzelne wird dadurch überhaupt nicht darauf ausgerichtet und vorbereitet, eine Rolle in der Gesellschaft, in einer Kleingruppe zu spielen. Ich erinnere mich an meinen hervorragenden Volksschullehrer in Wiener Neustadt. In unserer Klasse gab es mehrere Kinder aus desolaten Verhältnissen – schon mehrfach sitzengeblieben, die entweder zu spät oder auch gar nicht zur Schule kamen. Einen kräftigen Rowdy unter ihnen ernannte der Lehrer zum »Fenstergeneral«, der für das Öffnen und Schließen der Fenster vor Schulbeginn und in den Pausen verantwortlich war, ein anderer, Gutmütiger, durfte (non olet) in den Toiletten auf Ordnung achten. Diese Burschen fanden sich mit einem Male mit einer sozialen Aufgabe betraut, sie kamen pünktlich zur Schule, auch ihre Leistungen verbesserten sich, weil dieser wahrhafte Lehrer die Bedeutung partizipativen Lernens erkannt und in die Tat umgesetzt hatte.
Aber der Aspekt des partizipativen Lernens geht über die Übernahme von Verantwortung hinaus; es geht auch um das Erleben der Gemeinsamkeit. In den wenigen Bereichen, in denen es zu gemeinsamer Arbeit in den Schulen kommt, erleben wir auch die größte Begeisterung der Schüler, ob es um die Organisation eines Schulballes, eines Buffets am Elternsprechtag, um die Herausgabe einer Schülerzeitschrift geht. Auch hier wäre vieles im Rahmen der gegenwärtigen Beschränkungen möglich und würde zu ungleich höherer Identifizierung der Schüler mit der Schule führen.

Aber noch in einer anderen Hinsicht steht unser Schulsystem vor einer Wende. Seit dem Reichsvolksschulgesetz 1869 wurde der Ausbildungsaspekt der Schule vor dem Bildungsaspekt gesehen; Schule sollte vornehmlich das Kind dazu instandsetzen, in der Arbeitsgesellschaft späterhin seinen Mann oder seine Frau zu stellen. Und wenn in den Allgemeinbildenden Höheren Schulen scheinbar Bildung vor Ausbildung rangierte, dann primär mit der

Zielsetzung, damit eine solidere Grundlage für das anschließende Universitätsstudium zu legen, in welchem wieder der Ausbildungsaspekt dominierte.
In den kommenden Jahrzehnten werden, wie schon erwähnt, immer breitere Kreise der Bevölkerung über immer größere Teile ihrer Zeit frei verfügen können. Daraus resultiert für das Schulsystem eine doppelte Aufgabe: Einerseits sich auf zusätzliche Bildungs- und Ausbildungswünsche einzurichten – an der Universität Wien haben wir in unseren Vorlesungen schon viele Pensionisten, und ich halte dies für ein Zeichen des Reifegrades unserer Gesellschaft –, andererseits aber die heranwachsende Jugend a priori auf ein Leben vorzubereiten, in welchem der Anteil der heteronomen, fremdbestimmten Arbeit zugunsten des Anteils an autonomer, selbstbestimmter Arbeit immer stärker zurücktreten wird.
Es wäre sicherlich falsch, den Ausbildungsaspekt in Hinkunft zu vernachlässigen. Der Bildungsaspekt wird jedoch wieder an Bedeutung gewinnen müssen. Im Ausbildungsbereich wird sich – wie schon gesagt – das Schwergewicht vom Erlernen von Faktenwissen, das allzu rasch veraltet, verlagern müssen zum Lernen Lernen und zum Urteilen Lernen. Daneben wird aber ein Schulsystem die Jugend umso besser auf die Zukunft vorbereiten, je mehr Möglichkeiten zu erfüllter Daseinsgestaltung es ihr aufzeigt, also eine breite kulturelle Basis zu vermitteln; dies ist aber nichts anderes als die Zielsetzung der alten klassischen Bildung, wenngleich in zeitgemäßerem Gewande.
In diesem Sinne war der Begriff der »education permanente«, der meist nur in Richtung auf Ausbildung gesehen wurde, nie sehr glücklich: Unser Wissen veraltet so rasch, daß uns nichts anderes übrig bleiben wird, als unser ganzes Leben lang immer wieder für ein paar Wochen die Schulbank zu drücken. Es geht aber um mehr: Es geht darum, das gegenwärtige Auseinanderfallen der drei Lebensbereiche Lernen, Arbeit und Freizeit zu entschärfen.
Man ist zuerst ein dummes Kind, das nicht arbeiten darf, sondern lernen muß (gegen die Arbeitsbelastung eines durchschnittlichen Mittelschülers würde allerdings jeder Gewerkschafter, wenn er so arbeiten müßte, auf die Barrikaden steigen). Dann ist man schlag-

artig »ausgelernt« und hat einige Jahrzehnte hindurch zu arbeiten. Dann wird man wieder schlagartig aus der Arbeit ausgestoßen und hat sich des »wohlverdienten Ruhestandes« zu erfreuen. Dieses Auseinanderfallen ist eines der sozialen Grundübel unserer Zeit. Es ist uns zuwenig bewußt, daß diese Dreiteilung des Lebens in eine Lern-, eine Arbeits- und eine Ruhephase nur durch die Erfordernisse der Industriegesellschaft bedingt wurde, daß der Mensch aber vorher Jahrtausende hindurch in einer lebenslänglichen Verbindung von Lernen, Arbeit und Freizeit gelebt hatte. Wenn daher in einem Lernsystem der Zukunft Arbeit ins Schulsystem integriert würde und andererseits anschließend für alle Altersstufen, weitgehend auch auf freiwilliger Basis, ein Lernangebot bestünde, so wäre dies ungleich »menschlicher«.

Noch ein Novum bedarf der Erwähnung: In dem Maße, in dem unser zukünftiges Leben immer stärker von der Computerisierung beeinflußt sein wird, kommt auch der Schule die Aufgabe zu, für eine entsprechende Vorbereitung zu sorgen.

Dies betrifft zunächst den unmittelbaren Umgang mit dem Computer. Hiefür ist relativ gut vorgesorgt: Für all jene, die in einem Computerberuf arbeiten, gibt es einführende Studien aller Schwierigkeitsgrade. Der großen Masse derer, die mit dem Computer nur passiv zu tun bekommen, bleibt unser Ausbildungssystem schon mehr schuldig; der zweistündige Einführungsunterricht in der 9. Schulstufe kann nur als erster Anfang angesprochen werden. Es wäre nämlich notwendig, die Verwendungsmöglichkeit von Datenverarbeitungsanlagen in allen Bereichen in den Schulunterricht zu integrieren – von der Mathematik über die Textverarbeitung in den Deutschstunden bis hin zum Vokabel-Abrufen im fremdsprachlichen Unterricht. Da die neue Generation dem Computer viel unbefangener gegenübertritt als die ältere, ergibt sich heute vielfach die paradoxe Situation, daß im Computerunterricht die Lehrer von den Schülern lernen.

Hinzu kommt, daß die modernen audiovisuellen Hilfsmittel in ungleich stärkerem Maße als bisher zur Unterstützung des Lehrers dienen könnten – ein Kind, das mit einem gebrochenen Bein im Spital liegt, könnte dadurch »mitlernen«.

Die Computerisierung ist jedoch auch noch von einer grundlegenderen Warte her zu betrachten; sie kann eine ähnliche Umwälzung mit sich bringen wie seinerzeit die Einführung der Schrift.

Der Wiener Soziologe Robert Reichardt sagte in einem Vortrag: »Die Entwicklung der Schrift brachte dem Menschen ungeheure Vorteile; gleichzeitig aber enthob sie ihn der Notwendigkeit, sich Dinge zu merken. Damit büßte der Mensch aber auch seine Merkfähigkeit ein. Ilias und Odyssee waren vorher von Generation zu Generation mündlich tradiert worden. Schon in römischer Zeit war es aber eine große Ausnahme, wenn jemand eines der beiden Epen auswendig kannte. Der Computer enthebt den Menschen aber der Notwendigkeit zu denken! Also stehen wir der Gefahr gegenüber, unser Denkvermögen zu verlieren.«

Wer glaubt, dies sei Übertreibung, beobachte einmal einen Halbwüchsigen, wenn er 13 mit 17 multiplizieren soll. Er wird nach seinem Taschenrechner fingern, und wenn er ihn nicht bei sich findet, mit entmutigtem Gesichtsausdruck mühsam nachzudenken beginnen oder nach einem Stück Papier und Bleistift suchen. Und dann wird er noch einen Umstehenden fragen, ob das Ergebnis stimmen könnte.

Ähnliches haben wir auch im physischen Bereich erlebt: Dank arbeitsparender Maschinen hat sich der Mensch von schwerer körperlicher Arbeit befreit und sich dafür alle möglichen Zivilisationskrankheiten eingehandelt.

Daraus erhalten wir aber auch den Fingerzeig, wie diese Entwicklungen, wenn schon nicht aufgehalten, so doch kompensiert werden können. Was wir an heteronomer Arbeit losgeworden sind, führen wir autonom wieder ein, wir turnen oder joggen. Die Anstrengungen und Gefährdungen, die der Mensch beim Schilauf auf sich nimmt, würde an einem Arbeitsplatz jedes Arbeitsinspektorat verbieten.

Was den Verlust der Merkfähigkeit anlangt, so ist dieser phylogenetisch, das heißt, unserer Veranlagung nach, noch nicht eingetreten. Was Kleinkinder beim Memory leisten, schaffen wir heutigen Erwachsenen nicht mehr. Im Prinzip ist die Merkfähigkeit also heute noch erhaltbar.

In meiner Generation wurden die Nachteile der Schrift noch dadurch kompensiert, daß wir sehr viel auswendig gelernt haben, von Kirchenliedern bis zu Schillerballaden. Das Auswendiglernen aufzugeben, hieße dem Verlust der Merkfähigkeit Vorschub zu leisten, eine Fehlentscheidung, der gegengesteuert werden sollte.

Die Kompensierung des durch den Computer bedrohten Denkvermögens besorgt aber überraschenderweise der Computer selbst. Vielleicht ist es nur die Pioniergeneration, aber jeder Jugendliche oder Erwachsene, der sich einen Personal Computer angeschafft hat, verbringt ungleich mehr Zeit mit dem Programmieren als mit dem Abrufen vorprogrammierter Informationen. Der Computer entlastet also gleichzeitig von routinemäßigen und dient als Werkzeug für kreative Denkaufgaben. Allerdings wäre auch eine Überbetonung jener Art von Kreativität, wie sie der Umgang mit dem Computer erfordert und die ich als »digitale Kreativität« bezeichnen möchte, nicht optimal. Sie gaukelt dem Menschen eine Schwarz-Weiß-Welt vor, eine Welt, die nur aus den beiden Begriffen »richtig« und »falsch« besteht. Der Computer bedarf also zu seiner Ergänzung jener anderen Kreativität, wie sie in Dichtkunst, Theaterspiel oder Musik zum Ausdruck kommt. Auch dies wird also eine weitere Aufgabe des Bildungswesens in der Informationsgesellschaft sein, diese nicht-digitale Kreativität, die emotionale Komponente unseres Seins, zu fördern.

Aber das ist noch zuwenig. Raoul Kneucker ruft dazu auf, daß die Aufgabe der Schule nicht nur im kognitiven Bereich liege, daß es Aufgabe der Schule ist, »nicht nur Wissen, Fertigkeiten, sondern auch Kritikfähigkeit, Problemlösungskapazität, persönliche Initiative, Mut, Arbeitsleistung, Handlungsfähigkeit und Verantwortungsgefühl, Empathie, Kreativität, Phantasie, Humor und Witz in gleicher Weise zu bilden«. Die Vermittlung dieser meta-kognitiven Fähigkeiten des Menschen ist nicht Luxus, sondern bittere Notwendigkeit. Mit Recht spricht der Club of Rome von einem »Sozialen Lernen«, der Notwendigkeit, daß die Gesellschaft als Ganzes angesichts der grundlegenden Umwälzungen, denen sie sich gegenübersieht, lernen muß, anders zu denken, anders zu urteilen, anders zu empfinden.

Es geht aber nicht nur um die inhaltlichen und methodischen Aufgaben des Bildungswesens. Es geht auch um die Frage, ob wir eigentlich die richtige Zahl von Menschen für die einzelnen Berufsfelder ausbilden.
Auf der einen Seite haben wir das Tabu der freien Schulwahl. Dieses Tabu zwingt uns, es untätig hinzunehmen, wenn alljährlich weitere Tausende Studienanfänger in das Medizinstudium strömen, obwohl schon die heutigen Absolventen längst keine adäquaten Ausbildungs- und Berufsmöglichkeiten mehr vorfinden. Auch diesbezüglich wird nicht erkannt, daß das so demokratisch klingende Recht auf freie Studien- und Berufswahl in Widerspruch steht zu einem mindestens ebenso einleuchtenden Recht auf eine der Vorbildung adäquate Tätigkeit. Es geht ja nicht nur um die gigantischen Fehlinvestitionen, wenn wir zu viele Ärzte und – beispielsweise – zu wenig Ingenieure ausbilden, sondern auch um alle die individuellen Frustrationen, die vermieden werden können, wenn von vornherein nur jenen die Ausbildung für einen überlaufenen Berufszweig ermöglicht wird, denen gerade dieser Beruf eine wirkliche Berufung bedeutet, aber all jenen anderen nicht, die die betreffende Ausbildung vornehmlich aus modischen oder Prestigegründen wählen.
Die nächste große Diskrepanz zwischen Angebot und Nachfrage zeichnet sich bereits ab: Innerhalb der kommenden eineinhalb Jahrzehnte werden ungleich mehr Junglehrer die Pädagogischen Akademien und Universitäten verlassen, als vom traditionellen Bildungssystem aufgenommen werden können, selbst wenn die Klassenschülerhöchstzahlen gesenkt werden. Wenn es jedoch gelingt, die Rolle des Bildungswesens in jenem umfassenderen Sinne zu sehen, wie dies in diesem Abschnitt skizziert wurde, wenn es gelingt, dem »Lernen« also eine ungleich größere Rolle im menschlichen Leben einzuräumen, müßte es auch gelingen, aus dieser Not eine Tugend zu machen.
Daß das Tabu der freien Studienwahl kein absolutes zu sein braucht, zeigt die Bundesrepublik Deutschland. Nun ist sicherlich der »Numerus clausus«, der nur eine bestimmte Anzahl von Studenten z. B. zum Medizinstudium zuläßt, sicherlich nicht der Weisheit letzter Schluß. Aber in der BRD scheint zumindest eines

besser gelungen zu sein als bei uns, nämlich die Aufwertung des Ansehens manueller Berufe. Bei uns erfreut sich ein arbeitsloser junger Mediziner noch immer eines weit höheren gesellschaftlichen Ansehens als ein ordentlicher Fliesenleger. In der BRD schließt bereits jeder vierte Maturant einer Allgemeinbildenden Höheren Schule eine (entsprechend verkürzte) Lehrzeit an. Dies wirkt sich doppelt segensreich aus: Die Berufschancen in vielen manuellen Berufen sind ja ungleich günstiger, als wenn der betreffende Maturant irgendein überfülltes Universitätsstudium inskribieren würde, und die manuell Tätigen von morgen werden im Durchschnitt über eine höhere allgemeine Vorbildung verfügen als in den Generationen vorher.

In Österreich wäre daher ein umfassendes Programm erforderlich, das Ansehen manueller Berufe aufzuwerten. Ich habe schon vor Jahren vorgeschlagen, jedem, der eine Meisterprüfung abgelegt hat, das verbriefte Recht einzuräumen, seinem Namen auf der Visitenkarte ein »Mr.« voranzusetzen, jeder diplomierten Krankenschwester ein »Sr.«, vergleichbar den Buchstaben »Dr.« eines absolvierten Akademikers. Dies ist keine lächerliche Äußerlichkeit; es sollte dies vielmehr Ausdruck dessen sein, daß wir einem tüchtigen Handwerker dieselbe Achtung entgegenbringen sollten wie einem tüchtigen Rechtsanwalt oder Arzt.

Die Aufwertung manueller Berufe sollte schon viel früher einsetzen. So geht das krampfhafte Bemühen, die Lehrpläne der Hauptschulen denen der Unterstufe der Allgemeinbildenden Höheren Schulen weitestgehend anzugleichen, in die verkehrte Richtung. Überspitzt formuliert: Bildung sollte nicht Gleichheit fördern, sondern Ungleichheit – unser Bildungssystem sollte den musikalisch Begabten zum Musiker, den mathematisch Begabten zum Mathematiker, den manuell Begabten aber hinsichtlich seiner Begabung maximal fördern. Ein zehnjähriges Kind, dem das Lernen sehr schwerfällt, das aber sehr geschickt ist, wird durch unser heutiges Hauptschulsystem vier Jahre lang in eine Richtung gequält, die seinen Fähigkeiten nicht entspricht, während seine manuellen Fähigkeiten verkümmern. Nach vier Jahren Hauptschule ist der Vierzehnjährige endgültig davon überzeugt, ein Versager zu sein. Ganz anders, wenn die Hauptschule eine

bewußte Vorbereitung auf eine anschließende Lehrzeit in einem manuellen Beruf darstellen würde. Der Absolvent dieser Hauptschule darf sich dann durchaus mit dem Absolventen einer vierten Gymnasialklasse messen – jeder nach seinen Fähigkeiten.
An dieser Stelle wird oft der Einwand erhoben, es gäbe doch Kinder, denen erst später »der Knopf aufgeht«; diese Kinder sollten doch die Möglichkeit eines reibungslosen Überganges haben. Diesem Einwand ist entgegenzuhalten: Warum sollen für jene wenigen Kinder, die wirklich später in einen geistigen Beruf überwechseln wollen, alle manuell begabten, aber schwer lernenden Kinder vier Jahre lang in die falsche Richtung hin ausgebildet werden? Selbstverständlich sollten Übertrittsmöglichkeiten geschaffen werden – wie schon oben erwähnt, von der Matura in Lehrberufe, aber auch natürlich umgekehrt aus der Hauptschule in die Oberstufe einer Allgemeinbildenden Höheren Schule, und wenn für diese (vergleichsweise) wenigen Fälle vielleicht ein Übergangsjahr eingeschaltet werden müßte, so wäre dies sozial wie individuell eindeutig das kleinere Übel.
Wieder anders muß die Rolle der Hauptschule in jenen Orten gesehen werden, wo sie nicht in unmittelbarer Konkurrenz zu einer Allgemeinbildenden Höheren Schule steht, sondern wo sie wirklich die Haupt-Schule darstellt, insbesondere in (ohnehin von Entvölkerung bedrohten) ländlichen Räumen. Hier obliegt ihr eine Bildungsfunktion im weitesten Sinne des Wortes. Gerade diesbezüglich gibt es aber schon vielversprechende Ansätze, etwa im Modell der Tiroler Landhauptschule.
Auch die Rolle der Universitäten ist im Lichte dieser allgemeinen Überlegungen zu sehen. Wollten die Universitäten an ihrer starren Fächergliederung festhalten, so würden sie den an sie gestellten Anforderungen sicher nicht gerecht werden und würde sich das Schwergewicht der Bildung und Ausbildung zunehmend weiter in außeruniversitäre Einrichtungen, etwa in das betriebliche Bildungswesen, verlagern. Mit der Schaffung des »Studium irregulare« und mit der Möglichkeit der Einführung von »Studienversuchen« sind erste Schritte in Richtung auf die erforderliche Flexibilisierung gesetzt worden; darüber hinaus sollten aber Aufbaustudien, Kurzlehrgänge welcher Art auch immer auf un-

bürokratische Weise ermöglicht werden – welche davon sich als zukunftsträchtig erweisen werden, mag einer natürlichen Auslese überlassen bleiben.

Zusammenfassend: Der Schlüssel zur Bewältigung der längerfristigen Zukunftsprobleme liegt im Bildungssystem. Den Megatrends der Anforderungen, die die Zukunft stellt, Rechnung zu tragen, wird eine unserer wichtigsten Aufgaben darstellen.

9 Eine neue Politik

Politikverdrossenheit greift um sich, Kraftwerksbauten werden blockiert; die bisherige Art, Politik ohne den Bürger oder gegen den Bürger zu machen, »geht nicht mehr«. Zwar zeichnet sich keine Alternative zu den bestehenden Parteien ab; daraus resultiert jedoch umso mehr eine Verpflichtung für die Parteien, Politik in Hinkunft nur noch gemeinsam mit dem Bürger zu machen, in einem Geist der Kooperation, auch zwischen Regierung und Opposition.

Politisch Lied, ein garstig Lied, heißt es schon bei Goethe. Auch was die Medien betrifft, neigen wir zur pauschalen Verurteilung: Politiker sind unfähig und korrupt, Journalisten haben offenbar eine sadistische Freude am Bösen.
In England erschien eine Zeitlang eine Zeitung, die ausschließlich positive und gute Nachrichten brachte. Ihre Auflage stieg nie über ein paar tausend Stück. Schließlich ging die Zeitung sanft wieder ein.
Es sind nicht die bösen Journalisten, die uns mit schlechten Nachrichten füttern; unsere eigene Erwartungshaltung will es so. Die Überschrift »Gastarbeiter bedrohte Frau mit einer Hacke« ruft unser Interesse hervor; eine Überschrift wie »Tausende Gastarbeiter bedrohten niemanden mit einer Hacke« ließe uns kalt. Dabei wäre dies die viel wesentlichere Information, nämlich daß die öffentliche Sicherheit in Österreich ungleich höher ist als in anderen Ländern und daß auch die Eingliederung der Gastarbeiter in unser Sozialgefüge ungleich besser gelungen ist als anderswo.
Dem liegt eine tiefe psychologische Ursache zugrunde: Über schlechte Taten anderer zu lesen, verleiht uns ein Gefühl der Überlegenheit: Ach, was sind wir doch für gute Menschen! Lesen wir hingegen, was andere Tüchtiges, Gutes geleistet haben, so erzeugt dies in uns ein Schuldgefühl: Eigentlich hätte ich ja vielleicht auch so etwas tun können oder tun sollen.
Und dieselbe Haltung bestimmt auch unsere Einstellung der Politik gegenüber. Daß sich Hunderte von Politikern in den mittleren und unteren Rängen in mühsamen Verhandlungen abrackern,

um die widersprüchlichsten Erwartungen verschiedener Bevölkerungsgruppen halbwegs unter einen Hut zu bringen, wird ignoriert. Aber wenn sich ein paar Spitzenpolitiker über irgendeine nebensächliche Frage nicht einigen können, wird dies mit Wonne hochgespielt, und dann heißt es: Diese Politiker, nein so etwas!

Diese Einstellung wird noch dadurch verstärkt, daß Politik undurchschaubar erscheint. Politiker sind keine engelgleichen Wesen; sie sind Menschen wie du und ich. Noch deutlicher gesagt: In der Politik kann es daher auch gar nicht anders zugehen als in der Familie oder am Arbeitsplatz, wo natürliche Interessengegensätze bestehen und nicht immer in der feinen englischen Art zur Austragung gelangen.

Was die Politik aber von Familie und Arbeitsplatz unterscheidet, ist allerdings, daß sie wirklich weit undurchschaubarer ist. Es gibt Interessengruppen und Bünde; es gibt die Parteien; es gibt Legislative und Exekutive und Interessengegensätze zwischen den Ressorts; und es gibt Bundes-, Länder- und Gemeindeinteressen – alle davon innerhalb einer pluralistischen und föderativen Republik durchaus legitim!

Aber auch der einzelne Politiker hat auf dieses undurchsichtige Geflecht nur minimalen Einfluß. Während er sich von früh bis spät bemüht, innerhalb des ihm zugänglichen kleinen Ausschnitts aus dem politischen Gesamtgeschehen das zu erreichen, was er für richtig hält, sind gleichzeitig Hunderte andere Politiker tätig, das zu erreichen, was sie für richtig halten, und es ist geradezu ein Charakteristikum einer pluralistischen Demokratie, daß hiebei unterschiedliche Interessen vertreten werden und aufeinanderprallen.

Auch wird uns kaum bewußt, wie widersprüchlich unsere Erwartungshaltung ist. Wir schimpfen über die Flut von Gesetzen, die kein Mensch mehr verstehen oder befolgen könne. Gleichzeitig entrüsten wir uns aber, z.B. in der beliebten Fernsehsendung »Volksanwalt«, wenn für irgendeinen seltenen Spezialfall nicht schon eine klare, allen Besonderheiten des betreffenden Falles voll entsprechende gesetzliche Lösung vorhanden ist.

Gesetze sollen auf der einen Seite einfach und für alle gleich sein;

andererseits aber wünscht jede Gruppe, daß gerade für sie entsprechende Ausnahmen vorgesehen sein müssen.
Dieser Widerspruch schlägt sich nicht nur hinsichtlich der Überfülle von Gesetzen nieder, sondern findet auch in der Diskussion über Privilegienabbau seinen Ausdruck. Die Vergünstigungen, die der andere genießt, sind Privilegien; meine eigenen Vergünstigungen hingegen sind wohlerworbene Rechte.
Der Stahlarbeiter verdient doppelt soviel wie die Textilarbeiterin. Sicherlich: Seine Arbeit ist schwerer (ist sie das heute wirklich noch?); vor allem aber war es immer schon so.
Der Staatsbeamte ist unkündbar und hat eine höhere Pension als der ASVG-Pensionist. Sicherlich: Er hat während der Aktivzeit weniger verdient (stimmt das wirklich?), vor allem aber ist die Rechtslage eine andere.
Der Eisenbahner geht mit 53 Jahren mit 83 Prozent seines letzten Aktivbezuges in Pension, wobei noch jene Vorrückungen eingerechnet werden, die er in den nächsten eineinhalb Jahren erreicht hätte. Sicherlich: Seine Arbeit ist verantwortungsvoll. Es soll aber auch andere Berufe mit verantwortungsvoller Tätigkeit geben.
Die Frau kann – bei gleich hohen Beitragssätzen – um fünf Jahre früher in Pension gehen als der Mann; aufgrund ihrer um sieben Jahre höheren Lebenserwartung nimmt sie ihre Pension dann aber um zwölf Jahre länger in Anspruch. Sicherlich, sie muß oft eine Doppelbelastung durch Arbeit und Haushalt tragen. Es soll aber auch Männer geben, die zu Hause nicht untätig sind, vom »Hausmann« ganz zu schweigen, und umgekehrt Frauen, die nie für einen Mann oder Kinder zu sorgen hatten.
Die Aufzählung läßt sich nach Belieben fortsetzen; jeder Stand, jede Gruppe hat ihre Privilegien, deren jedes wohl begründbar ist.
Es ist die Summe aller unserer wohlerworbenen Rechte, aller unserer Privilegien, die sich in den Milliardendefiziten des Bundeshaushaltes niederschlägt und die zur rapiden Erhöhung der Staatsverschuldung geführt hat. Wir haben, gelinde gesagt, alle miteinander zu lange schon über unsere Verhältnisse gelebt. Und wenn wir, ob es uns freut oder nicht, endlich beginnen wollen,

unser Haus wieder in Ordnung zu bringen, gleichzeitig aber für die sozial Schwächeren eher mehr zu tun, ist eine Denkweise, die nur von allen anderen Anpassungen fordert, aber die eigenen Vergünstigungen als »wohlerworbene Rechte« unangetastet lassen möchte, einfach nicht mehr angebracht.

In den eineinhalb Jahrzehnten der Ära Kreisky wurde der Wähler durch eine bedenkenlose Verteilungs- und Gefälligkeitsdemokratie verwöhnt und eingelullt. Die Staatsschuld stieg von 1970 bis 1986 von 47 Milliarden auf über 600 Milliarden Schilling, das jährliche Budgetdefizit von 7 Milliarden auf über 100 Milliarden Schilling. Das heißt: Der Staat schüttete letztlich alljährlich 500 Milliarden über uns aus, zog uns aber nur 400 Milliarden Schilling aus der Tasche.

Vielleicht ist uns noch zuwenig bewußt geworden, wie grundlegend die Wende ist, die mit dem Beginn dieser Legislaturperiode eingetreten ist. Das Jahr 1986 markiert das Ende dieser bisherigen Verteilungs- und Gefälligkeitsdemokratie und den Beginn eines langwierigen, mühsamen Sanierungs- und Umdenkprozesses, den Beginn eines neuen Selbstverständnisses der Politik.

Als es 1986 wieder zu einer großen Koalition wie vor 1966 kam, glaubten Pessimisten, daß die damalige Aufteilung Österreichs in zwei Reichshälften unfröhliche Urständ' feiern würde; Optimisten aber vermeinten, daß, wenn eine Regierung über eine 6/7-Mehrheit im Parlament verfügt, nun alle Probleme Österreichs schlagartig gelöst seien, wie im Märchen, wo alle Not plötzlich ein Ende hat, wenn sich Prinz und Prinzessin gefunden haben.

Was der Wähler aber zu sehen bekam, war weder das eine noch das andere. Meinungsunterschiede innerhalb der Regierungsparteien traten offen zu Tage; in immer mehr Fragen kam es zu Koalitionen quer durch die Parteien. Vereinfacht gesagt, kommt es immer häufiger zu einer Konfrontation zwischen einer »Koalition der Sanierer« und einer »Koalition der Verhinderer«, wobei es letztere insoferne leichter hat, als sie nur auf die »wohlerworbenen Rechte« zu pochen braucht, die nicht angetastet werden dürfen. So, wie viele Politiker diese neue Situation noch nicht verstanden haben, war auch der Wähler verunsichert; er mußte den Eindruck gewinnen: Hier wird offenkundig nur herumgestritten. In Wahrheit bedeutet diese Veränderung aber nicht nur ungleich mehr Transparenz, sondern geradezu einen Sprung vorwärts in Richtung auf eine lebendigere Demokratie. Die Zeiten sind vorbei, in denen wichtige Entscheidungen jeweils durch einzelne Parteisekretariate erfolgten und von den Abgeordneten quasi mit geschlossenen Augen sanktioniert wurden.

Die Zeiten sind auch vorbei, in denen Gesetze praktisch zur Gänze im außerparlamentarischen Raum gemacht und im Parlament nur abgesegnet wurden. Der einzelne Abgeordnete ist heute in den Gesetzwerdungsprozeß ungleich stärker involviert, ist ungleich stärker mitbeteiligt. Auch nehmen die Regierungsparteien im parlamentarischen Geschehen ungleich stärker Rücksicht auch auf die Auffassungen der Oppositionsparteien.

Überlegen wir einmal die Alternative: Wäre es uns denn wirklich lieber, wenn für jedes anstehende Problem irgend jemand hinter verschlossenen Türen – ein Parteisekretariat, ein starker Mann, ein Guru – eine einsame Entscheidung fällt? Und vor allem: Welche Entscheidung sollte es sein? Der einzelne Wähler erwartet von der Politik, daß sie genau jene Entscheidung fällen sollte (oder schon längst gefällt haben sollte), die seinem persönlichen Vorverständnis entspricht. Machen Sie einmal als Test – z.B. anhand der Frage der Einführung eines Tempolimits 80/100 – in Ihrer Umgebung eine Rundfrage: Die Hälfte der Befragten wird erklären, daß »die Politik« schon längst Tempo 80/100 hätte einführen sollen, die andere Hälfte wird genauso eindeutig erklären, daß »die Politik« endlich mit dem dummen Gerede über Tempolimits Schluß machen sollte.

In Wirklichkeit ist diese erhöhte Bewegungsfreiheit innerhalb der Parteien weit weniger dramatisch als sie klingt. In den USA, in der benachbarten Schweiz gingen die Auffassungen immer schon quer durch die Parteien; jede parlamentarische Abstimmung in der Schweiz bringt ein anderes zahlenmäßiges Ergebnis, ohne daß deswegen der Staat gefährdet wäre.

Diese veränderte Ausgangssituation für Politik einerseits, erhöhte Möglichkeiten für den einzelnen Abgeordneten andererseits bedeuten aber auch ungleich erhöhte Verantwortung, sich in Hinkunft weit weniger als bisher nur als Repräsentant einer bestimmten Wählergruppe zu fühlen, sondern einem größeren Ganzen verantwortlich zu sein.

In den »guten alten« Zeiten mag es genügt haben, brave Parteisoldaten in die gesetzgebenden Körperschaften zu entsenden, die sich von fähigen Fachleuten beraten ließen. Die Zeit, die auf uns zukommt, wird den Parteien einen anderen Typus von Politikern abverlangen, Politiker, die zur fachlichen Kompetenz ein gerüttelt Maß an Blick fürs Ganze, an Einfühlungsvermögen in den Andersdenkenden, an Verantwortungsbewußtsein für alle (statt engstirniger Interessenvertretung), an Rückgrat und Charakter mitbringen.

Aber nicht nur der Wähler versteht derzeit den Politiker nicht, auch der Politiker alten Schlages versteht vielfach den Wähler nicht. Viele Entscheidungsträger stellen heute zutiefst betroffen fest, in Österreich »geht nichts mehr«. Zwentendorf »ging nicht mehr«, Hainburg »ging nicht mehr«, morgen kann es das Dorfertalkraftwerk sein. Und flugs wird die Umweltfrage mit Revoluzzertum, mit Neinsagerei um des Neinsagens willen in einen Topf geworfen. Die im Falle von Ratlosigkeit übliche Suche nach irgendwelchen konspirativen Drahtziehern verläuft ergebnislos. Dieses »Es-geht-nichts-mehr« ist nämlich keineswegs ein spezifisch österreichisches Phänomen. In manchen Ländern ist es noch viel ausgeprägter, etwa in der Bundesrepublik Deutschland, wo politische Versammlungen vielfach nur unter starkem Polizeischutz stattfinden können.

Der Wähler ist sich einfach nicht mehr sicher, ob er dem Politiker vertrauen kann, ob er sich durch ihn wirklich vertreten fühlt. Allzu viele Entscheidungen wurden in der Vergangenheit allzu selbstherrlich und hinter verschlossenen Türen gefällt.

Die letzten Jahrzehnte haben eine immer stärkere Auseinanderentwicklung zwischen Wähler und Gewählten, zwischen Regierten und Regierenden gebracht: Auf der einen Seite die durch ein starres Wahlsystem (nicht nur ins Parlament, sondern genauso im Österreichischen Gewerkschaftsbund oder in Wirtschaftsverbänden) abgesicherte, immer selbstsicherer agierende Oberschicht, auf der anderen Seite die Masse der Staatsbürger, in Sonntagsreden gerne als »mündig« apostrophiert, de facto in ihrer Mündigkeit darauf beschränkt, alle vier Jahre eine vorgegebene Liste anhaken zu dürfen, also wie Analphabeten behandelt zu werden, wie Robert Jungk es ausdrückt.

Seit langem erschallt daher der Ruf nach mehr direkter Demokratie. Unzählige Entscheidungen könnten besser auf lokaler, informeller Ebene gelöst werden als durch die Schaffung neuer, für alle gleich verbindlicher Gesetze und Vorschriften.

Gilt dies allgemein? Soll etwa »mehr direkte Demokratie« bedeuten, daß jeder Bürgermeister noch mehr das Recht erhalten sollte, seine Gemeinde nach Belieben zu verbauen? Oder gibt es nicht vielmehr Bereiche, in denen die repräsentative Demokratie der direkten Demokratie vorzuziehen ist?

Die Grenzen der direkten Demokratie sind insbesondere bei jenen Problemkreisen sichtbar, bei denen der Sachverstand sowohl des Durchschnittsbürgers als auch des Durchschnittsmandatars überfordert ist. In der Frage, ob Österreich Atomenergie benötigt, an welcher Stelle (und ob überhaupt) ein weiteres Donaukraftwerk errichtet werden soll, vermag auch eine Volksabstimmung nicht die sachgerechteste Antwort zu ermitteln. Im Gegenteil: Politiker, die die Flucht in die Volksabstimmung als »mehr direkte Demokratie« verkaufen wollen, verbrämen damit nur ihre Flucht aus der Verantwortung – wozu haben wir sie schließlich gewählt?

Bei derartigen Problemen geht es nicht um mehr direkte Demokratie, nicht darum, den Personen, die wir hiezu »abgeordnet« haben, ihre Entscheidungsbefugnis wegzunehmen; es geht vielmehr um eine umfassende Verbesserung der Entscheidungsvorbereitung. Dies gilt in zwei Richtungen: Einerseits sollten die Politiker von heute und morgen ungleich stärker als bisher ihr Ohr am Volk haben, sich daran orientieren, was heute noch kleine, aber zukunftsgerichtete Gruppen oftmals noch kaum zu artikulieren vermögen; andererseits aber sollte – wie schon gesagt – in Österreich der Gedanke des »Technology Assessment«, der systematischen, möglichst objektiven Erarbeitung von Entscheidungsunterlagen, endlich eine starke Aufwertung erfahren.

Viele Grundfragen wurden noch nie gestellt. Welches Zielbild für Österreich schwebt uns eigentlich vor? Welches Verhältnis von weiterem Autobahnbau, weiterem Kraftwerksbau zu unzerstörter Landschaft, von Außenbetreuung im Gesundheitswesen zu Selbstverantwortung, von Umverteilung zwischen Aktiven und Nicht-Aktiven, von mehr Produktion zu mehr Freizeit? Wurde je systematisch bei uns zuerst über die mittel- und längerfristigen Ziele nachgedacht, bevor tagespolitische Entscheidungen getroffen wurden?

Zwischen den Programmen der politischen Parteien und der Tagespolitik klafft eine große Lücke: Ausgehend von den Parteiprogrammen sollten zuerst Fernziele, dann Nahziele formuliert und auf breiter Basis diskutiert werden, und ausgehend von diesen Nahzielen kann dann nach konkreten politischen Realisierungsmöglichkeiten gefragt werden.

Es wird in Österreich erst wieder etwas »gehen«, wenn wir die Bereitschaft und den Mut zu diesem neuen Stil der Entscheidungsfindung aufbringen, weder ohne den Bürger, schon gar nicht gegen den Bürger, sondern gemeinsam mit dem Bürger Politik zu machen, und zwar auf Grundlage längerfristiger Zielsetzungen.

Diese Aussage ist weit mehr als einfach schöne Worte; sie rührt nämlich an die Grenzen unseres Demokratieverständnisses. Was soll geschehen, wenn etwa die Mehrheit der Wähler irgendeine teure, aber nach Auffassung des Politikers richtige und wichtige Umweltschutzmaßnahme ablehnt? Ist der Politiker dann nicht dieser Mehrheit verpflichtet, und zwar keineswegs nur aus Opportunismus, weil er ja wiedergewählt werden will, sondern weil Demokratie darauf beruht, die Auffassung der Mehrheit zu befolgen? Und wenn eine Minderheit glaubt, daß ihre Auffassung richtiger ist als die der Mehrheit – wo ist die Instanz, die entscheiden dürfte, in diesem Falle müsse die Mehrheit der Minderheit folgen?

Es gibt wohl eigentlich nur eine Lösung für dieses Dilemma: Aufgabe des Politikers muß es sein, alles in seinen Kräften Stehende zu tun, um die Mehrheit von der Notwendigkeit der betreffenden Maßnahmen zu überzeugen. Er wurde ja nicht nur dazu »abgeordnet«, um blindes Sprachrohr seiner Wähler zu sein, son-

dern um ungleich mehr Zeit zur fundierten Entscheidungsvorbereitung aufzuwenden, als dies dem Wähler selbst möglich ist, und dann – im Auftrag der Wähler! – aufgrund dieser seiner vertieften Problemsicht zu handeln. Damit wird Politik mit dem Bürger zu Politik für den Bürger.
Es darf uns nicht wundern, wenn das Ausmaß der Umwälzung, an deren Beginn wir heute stehen, weder vom Wähler noch vom Politiker voll verstanden wird; beide denken noch vorwiegend in Kategorien von gestern. Hier liegt auch eine der Wurzeln der Politikverdrossenheit: Es ist eine Verdrossenheit mit der Art, wie Politik vielfach noch betrieben wird.
Wohin wird diese Politikverdrossenheit führen? Wird es zu einer totalen Änderung der Parteienlandschaft, ja der Bedeutung politischer Parteien schlechthin, kommen?
Wenn wir uns weltweit umsehen, auch in jenen Ländern, die uns in ihrer sozioökonomischen Entwicklung vielleicht voraus sind, ob positiv oder negativ, so erkennen wir, daß sich nirgends irgendeine ernstzunehmende Alternative zu politischen Parteien abzeichnet. Hoffen wir auf eine sogenannte »surprise-free-future«, eine überraschungsfreie Zukunft, bei der es also zu keinen großen abrupten Störungen von innen oder außen kommt, so ist damit zu rechnen, daß nicht nur in den USA, Schweden und der Schweiz, sondern auch in der Bundesrepublik Deutschland und in Österreich das Mehr-Parteiensystem erhalten bleibt.
Die Parteienlandschaft ist in unseren westlichen Demokratien in den vergangenen hundert Jahren, zumindest seit Einführung des allgemeinen Wahlrechts, allen noch so turbulenten Zwischenepochen zum Trotz, im wesentlichen unverändert geblieben. Die beiden großen Gruppierungen, Christdemokraten/Konservative auf der einen Seite, Sozialdemokratie auf der anderen Seite, beherrschen unverändert die Szene, in den USA sind es Republikaner und Demokraten. Der Bedeutungsrückgang liberaler Parteien, das Aufkommen kleiner Grünparteien ändern an dieser grundlegenden Feststellung nichts.
Trotz aller schwerwiegenden Probleme der Industriestaaten von heute, Massenarbeitslosigkeit, immer schwierigere Finanzierung des Gesundheitswesens und der Pensionen, immer gravieren-

dere Umweltschäden, zeichnet sich in keinem unserer Länder eine neue Bewegung in Form einer geschlossenen Partei ab, der man irgendeine entscheidende, ins Gewicht fallende Zukunft zuschreiben könnte.
Dies ist aber kein Grund für die etablierten Parteien, sich erleichtert zurückzulehnen, nach dem Motto: Uns kann nichts passieren. Im Gegenteil: Aus dieser Erkenntnis resultiert nur die besondere Verantwortung der existierenden Parteien, den Anforderungen von heute und morgen gerecht zu werden.
Diese Anforderung ist nicht nur eine inhaltliche, sondern auch eine des Verhaltens. Die großen Probleme werden sich nicht durch eine Politik der Konfrontation, sondern nur durch eine Politik der Kooperation lösen lassen, bei allem Bewußtsein gegensätzlicher Positionen.
Dies ist keine Utopie. Gerade Österreich hat diesbezüglich seine Fähigkeit zur Sozialinnovation unter Beweis gestellt. In Österreich ist es gelungen, die Konfrontation des Klassenkampfes zur Kooperation der Sozialpartnerschaft weiterzuentwickeln. Damit hat Österreich der Welt ein Beispiel gegeben, das es heute zu erweitern gilt.
Die Geschichte hat hinlänglich bewiesen, daß nicht jene Sozietäten überlebten, die sich gegenseitig auszurotten bestrebt waren, sondern jene, die untereinander und mit der Natur kooperierten. Die Politik der Konfrontation ist am Ende; in Österreich, zwischen den Völkern, zwischen Mensch und Natur. Ein Utopia, wie Platos oder Campanellas Idealer Staat, ist von heute auf morgen nicht zu schaffen. Aber es wäre nicht denkunmöglich, mehr Elemente der Kooperation in unser System der Konfrontation einzubringen. Ja zur Leistungsgesellschaft, aber im Bewußtsein unserer Verantwortung für Mitmensch und Natur; ja zur Parteipolitik, bei der es Regierung und Opposition gibt, aber mit einem erweiterten Rollenverständnis.
Auch dieser Megatrend ist in unsere Hand gelegt. Unsere Zukunft wird eine gemeinsame Zukunft sein oder gar keine.

10 Die Verantwortung tragen wir selbst

Mit der Anti-Weltanschauung der Nachkriegsgeneration werden die Zukunftsprobleme nicht gelöst werden können. Es entsteht heute eine neue Positiv-Weltanschauung, getragen vom Bewußtsein der Verantwortung für unsere eigene Zukunft und die Zukunft unserer Kinder. Wir wollen ja sagen zu einem lebenswerten Leben in einer lebenswerten Umwelt.

Welcher Weltanschauung, welchen Wertvorstellungen entspricht all dies, was in den vergangenen Abschnitten gesagt wurde? Und wie ist diese Weltanschauung in die klassischen Kategorien Schwarz/Rot/Blau/Grün einzuordnen?

Ende 1986 habe ich begonnen, den Begriff »ökosoziale Marktwirtschaft« zu propagieren, einen Begriff, der inzwischen schon in breiteren Kreisen ins Bewußtsein gedrungen ist.

Dieser Begriff enthält zunächst ein Bekenntnis zur Marktwirtschaft als einem System, das darauf beruht, daß Leistung auch belohnt wird, wodurch einfach mehr geleistet wird, als wenn Leistung nicht belohnt würde. Die Überlegenheit der Marktwirtschaft allen anderen Wirtschaftssystemen gegenüber ergibt sich unmittelbar aus einem Vergleich mit jenen Ländern (und mit jenen Sektoren der österreichischen Wirtschaft), in denen die Regeln der Marktwirtschaft außer Kraft gesetzt wurden. Und wenn heute selbst Länder mit zentral gelenkter Wirtschaft freiwillig eine Wende in Richtung auf die Marktwirtschaft vollziehen, bedarf eine Rechtfertigung der Marktwirtschaft wohl keiner weiteren Erklärung.

Ein zweiter Teil des Begriffes betrifft die »soziale« Marktwirtschaft – die Bereitschaft der erwerbstätigen Bevölkerung, aus dem von ihr erwirtschafteten Sozialprodukt einen angemessenen Teil an die nichterwerbstätige Bevölkerung, also insbesondere an Kinder, Alte, Kranke und Arbeitslose, abzutreten. Auf dieser Zielrichtung beruht das umfassende System der sozialen Sicherheit, wie es in unseren Ländern in den Jahrzehnten nach dem Zweiten Weltkrieg aufgebaut wurde.

Soziale Marktwirtschaft genügt aber heute nicht mehr. Was hilft es, wenn in einem Haus die Arbeitsfähigen fleißig arbeiten gehen und aus dem Ertrag ihrer Arbeit auch die Nichtarbeitsfähigen ernähren, wenn gleichzeitig das Haus immer ärgere Risse bekommt und einzustürzen droht? Nur was erarbeitet wird, kann auch verteilt werden, aber nur in einem intakten Haus kann auch gearbeitet werden. Daraus ergibt sich, daß Wirtschaftspolitik höhere Priorität als Verteilungspolitik genießt, daß der Umweltpolitik aber die höchste Priorität zukommt. Die ökosoziale Marktwirtschaft versucht demnach, dieser dreifachen Aufgabe Rechnung zu tragen, unter Beachtung der eben aufgezeigten Prioritäten. So einleuchtend und geschlossen dieses System auch ist, so sehr entzieht es sich der bisher üblichen Kategorisierung: Ein Bekenntnis zur Marktwirtschaft findet sich in den Programmen von ÖVP und FPÖ, neuerdings auch der SPÖ; die Berücksichtigung auch der sozialen Komponente innerhalb der Marktwirtschaft kam wohl aus der Sozialdemokratie (auch wenn die Umsetzung vor allem mit den Namen von CDU-Politikern wie Röpke, Müller-Armack und Ludwig Erhard verbunden ist), und das ökologische Bewußtsein wird bekanntlich vor allem von Grüngruppen forciert. Die ökosoziale Marktwirtschaft ist demnach eine Weltanschauung, die Elemente aller traditionellen politischen Lager zu einem geschlossenen Ganzen vereint.

Ja, aber darf man denn überhaupt eine Weltanschauung haben, sich zu einer solchen bekennen?

Diese Frage ist nicht nur rhetorisch gemeint.

Das 20. Jahrhundert hat so ziemlich alles an Weltanschauungen zusammenbrechen lassen, was wir aus unserer Vergangenheit ererbt hatten. Der Glaube an Kaiser, Gott und Vaterland ist schon 1918 zerbrochen; alles, was uns noch an Vaterlandsliebe, Opfermut und Bereitschaft zum Dienst am Volk geblieben war, wurde im Zweiten Weltkrieg von einem totalitären Regime schamlos mißbraucht, von einem Regime, das unter dem Vorwand dieser Weltanschauung, als der Krieg schon längst verloren war, noch weiter Hunderttausende in den Tod schickte und unsere Städte in Trümmer sinken ließ, nur um die eigene Existenz noch um ein paar Monate oder Wochen zu verlängern. Auf die Frage, wie

Gott dies zulassen könne, antwortete die Kirche mit Verunsicherung, bot also auch keinen neuen Halt – ein Vakuum, in welchem fundamentalistische Sekten ihren Nährboden fanden. Dieser Zusammenbruch aller Werte blieb nicht auf Europa beschränkt: In den USA war es der Vietnam-Krieg, der den bislang ungebrochenen Glauben an die Sieghaftigkeit des »American Way of Life« wie einen Luftballon zerplatzen ließ.
Vor diesem Hintergrund war es geradezu zwangsläufig klar, daß auch in Kunst und Kultur alle negativen Ausdrucksformen ein entsprechendes Echo fanden; sich gegen traditionelle Werte auszusprechen, sogenannte »Tabus« zu brechen, kam so sehr in Mode, daß wir gar nicht merkten, wie daraus eine neue Weltanschauung, eine Anti-Weltanschauung entstand, zunehmend mit allen Kennzeichen einer verpflichtenden Staatsreligion: Wehe, es wagt jemand, die Gültigkeit einer sich auf rein negative Aussagen beschränkenden Ausdrucksform in Frage zu stellen – sofort sah er sich einer unversöhnlichen Phalanx von Aktivisten und Nihilisten gegenüber. Nur eine einzige Auffassung, nämlich die eigene, negative, ist die einzig richtige, wahrhaft künstlerische und daher auch einzig zulässige – jeder Andersdenkende wird mit maximaler Intoleranz diffamiert. Neue Theaterstücke müssen eine negative Tendenz aufweisen; die klassischen Stücke, von Sophokles bis Schiller, müssen verfremdet werden, positive Wertaussagen in ihnen in ihr Gegenteil verkehrt, oder, wenn dies wirklich nicht möglich ist, zumindest relativiert werden.
Vor einigen Jahren soll in der Bundesrepublik Deutschland unter Jugendlichen eine Straßenumfrage durchgeführt worden sein. »Sind Sie dafür oder dagegen?« Der überwiegende Teil der Befragten soll geantwortet haben: »Dagegen!«, ohne überhaupt zu merken, daß der Frage gar kein Inhalt zugrunde lag.
Ein besonderes Vehikel fand diese Anti-Weltanschauung in der Studentenrevolte des Jahres 1968; die öffentliche Verrichtung der Notdurft in einem voll besetzten Hörsaal der Universität Wien brachte zum Ausdruck, worum es ging: Dagegen zu sein und nur das als Kunst und Kultur zu definieren, was Kunst und Kultur zerstörte. Die ganz bewußten Nihilisten, denen es um diese Zerstörung um ihrer selbst willen geht, erhielten damals – und er-

halten auch heute noch – Zulauf von verschiedenen Seiten. Auf der einen Seite sind es jene Künstler und Schriftsteller, die gemerkt haben, daß es sich auf dieser Welle gut verdienen läßt. Dann sind es Teile der naiven Linken, die nostalgisch noch im vergangenen Jahrhundert steckengeblieben sind, einer Zeit, in der weite Teile der Arbeiterschaft wirklich ausgebeutet und unterdrückt waren, und die keine Freude damit haben, daß sich die Führung der SPÖ zu einer marktwirtschaftlich orientierten Sanierungsgemeinschaft mit der ÖVP entschlossen hat. Dann sind es aber auch viele jener Mitmenschen, die mit ihrem eigenen Innen- und Außenleben nicht zu Rande kommen und ihre existentielle Unordnung in die große Welt projizieren. Ferner gehören hierher jene nicht wenigen Zeitgenossen, die aus der Ablehnung aller Ordnungen die Rechtfertigung für schranken- und verantwortungslosen Hedonismus ableiten. Und am oberen Ende kommt noch ein Teil unserer Intelligentsia hinzu, die es schick und »in« findet, den Vertretern der Negativ-Weltanschauung schönzutun.

Die Wirkung geht noch tiefer. Die Vertreter dieser Negativ-Weltanschauung behaupten nämlich, im Besitze einer Monopolstellung für Kritik und Protest zu sein: Jeder, der nicht voll und ganz ihre Auffassung teilt, ist ein verkappter Söldling des Establishments.

Ich behaupte demgegenüber, daß eher das Gegenteil Gültigkeit hat: Nur eine auf einer positiven Weltanschauung, auf konstruktiven Lösungswegen beruhende Kritik kann zielführend sein, nicht jedoch Kritik und Protest um der Kritik und des Protestes willen. Auch dieses Buch ist voll der Kritik, bemüht sich aber um konstruktive Kritik, d. h., auf der Grundlage einer positiven Weltanschauung Lösungswege aufzuzeigen.

Lange genug haben wir uns wie die Höflinge im bekannten Märchen von des Kaisers neuen Kleidern verhalten: Nur um nicht der Dummheit bezichtigt zu werden, haben wir vorgegeben, die nicht vorhandenen Kleider für besonders wertvolle Gespinste zu halten. Heute, mehr als vierzig Jahre nach Kriegsende, mehr als zwanzig Jahre nach 1968, ist die Parade des Kaisers in seinen neuen Kleidern lange genug unterwegs, um mit der Stimme des

unverbildeten Kindes sagen zu dürfen: »Aber der Kaiser ist ja nackt! Das sind ja gar keine Kleider, die er trägt; das sind ja Nicht-Kleider!«
In den Diskussionen, die in den letzten Jahren um einzelne Künstler entbrannten, geht es gar nicht um diese Persönlichkeiten, deren künstlerischer Rang nicht bezweifelt sei, die sich aber dessen wohl nicht ausreichend bewußt sind, vorgeschobene Exponenten einer Weltanschauung zu sein, wie sie die logische Folge der Umwälzungen zwischen 1914 und 1945 war, die aber heute wohl der Vergangenheit angehören sollte. Wir sind, Gott sei Dank, von jener Zeit inzwischen schon weit entfernt; die Anti-Weltanschauung der Ablehnung aller Werte, die noch immer im damaligen Geist wurzelt, hat gar nicht bemerkt, wie wenig sie mehr unserer heutigen Zeit entspricht, wie sehr sie inzwischen reaktionär geworden ist. Es geht nur an der Oberfläche um einzelne Namen oder Ereignisse; in Wirklichkeit geht es darum, daß wir langsam genug haben vom Nein-Sagen und vom Dagegen-Sein. Wir wollen wieder einmal *für* etwas sein, einen Sinn im Leben finden, etwas tun für unsere Mitmenschen, für unsere Kinder, für eine bessere Zukunft.
Nur um kein Mißverständnis aufkommen zu lassen: Es geht nicht darum, das behauptete Monopol der bisherigen Negativ-Weltanschauung durch das Monopol einer anderen Weltanschauung zu ersetzen. Es geht vielmehr um Intoleranz versus Toleranz. Niemandem sei verboten, Kunstwerke herzustellen, die mir nicht gefallen; ich wehre mich nur dagegen, wenn eine bestimmte Kunstauffassung zur einzig richtigen für alle erklärt wird.
Daraus folgt aber auch eine andere Einstellung nicht nur zu Inhalt und Aussage von Kunst und Kultur, sondern auch zu deren Trägern. Im Sport bejahen wir durchaus, daß es neben dem Spitzensport auch einen Breitensport gibt (z. B. in Österreich das Schilaufen); Kultur scheint sich uns aber in Burgtheater, Oper und Philharmonikern einerseits, in diversen Subkulturen andererseits zu erschöpfen. Nein, zur Kultur eines Volkes gehört auch, daß einer – ob mit oder ohne bestimmten Anlaß – ein Theaterstück schreibt, Freunde es aufführen, gehört das gemeinsame Singen, Musizieren, gehören handwerkliche Fertigkeiten, alles, was

einem Freude macht. In dörflichen Gemeinschaften ist diese Kontinuität, von Chorvereinigungen bis zu Blasmusikkapellen, ohnehin ungebrochen erhalten geblieben.
Kunst und Kultur sind aber nur Ausdruck des Zeitgeistes; der Zeitgeist selbst durchzieht auch alle anderen Bereiche des menschlichen Daseins, einschließlich der sozialen und der individuellen Moral. Auch diesbezüglich erleben wir eine Wende: Noch vor wenigen Jahren galt es als Kavaliersdelikt, wenn sich jemand in angeheitertem Zustand ans Lenkrad setzte; und wenn er dann einen schweren Verkehrsunfall verschuldete, hatte der Bedauernswerte eben Pech gehabt. Heute wird der Betreffende nicht mehr unser Mitleid erregen, sondern wir bezeichnen sein Verhalten als unverantwortlich.
Es sind aber auch die Zeiten vorüber, in denen schrankenloser Hedonismus als erstrebenswert galt – maximale »Selbsterfüllung«, alle Rechte und Freiheiten für mich, aber keinerlei Pflichten oder Rücksichtnahmen. Inzwischen ist klar geworden, daß Rechte und Pflichten untrennbar miteinander verbunden sind, daß wir nur dann Rechte in Anspruch nehmen dürfen, wenn wir gleichzeitig bereit sind, auch Pflichten zu erfüllen. Der Wagenführer der Straßenbahn, der Lehrer in der Schule, die Trafikantin, der Fernlaster, der Arzt – sie wissen, daß sie sich nur dann auf die Dienstleistung der anderen verlassen können, wenn sie auch die eigene Dienstleistung verläßlich erbringen. Schon der Straßenverkehr lehrt, daß totale Freiheit des Individuums zum Chaos und damit zu totaler Unfreiheit führen muß.
Diese Feststellung hat nicht nur einen organisatorischen, sondern vor allem auch einen ethischen Aspekt. Wenn in den letzten Jahren des öfteren der Ruf nach mehr »Askese« ertönt ist, so war damit nicht primär der Verzicht auf Annehmlichkeiten gemeint – weniger Fleisch essen, nicht so warm einheizen. Es geht vielmehr um die grundsätzliche Erkenntnis, daß eine menschliche Gesellschaft nur dann funktionieren und gedeihen kann, wenn jeder einzelne in gewisser Hinsicht zum Verzicht bereit ist.
So mag es vom unmittelbaren, egoistischen Standpunkt aus erfreulich erscheinen, alle paar Jahre den Ehepartner zu wechseln; eine Gesellschaft mit hohen Scheidungsraten ist aber weit unsta-

biler als es etwa unsere alte Agrargesellschaft war, in der Ehescheidungen praktisch unbekannt waren. Daß beide Ehepartner voll berufstätig sind, mag die materielle Basis der Familie fühlbar verbessern; wenn aber einer der beiden Ehepartner, den Kindern zuliebe, auf Berufstätigkeit verzichtet, wird nicht nur den eigenen Kindern mehr Nestwärme geboten, sondern es wächst eine neue Generation heran, die eben aufgrund dieser Nestwärme gefestigter ist. Auch diesbezüglich konstatieren wir einen Umschwung: Noch vor wenigen Jahren wurde die Berufstätigkeit beider Elternteile hochgelobt; heute beginnen die Mütter (oder auch die Väter), die den Kindern zuliebe auf Berufsausübung verzichten, wieder gesellschaftliche Anerkennung zu genießen.
Wie es für Übergangszeiten kennzeichnend ist, bestehen heute beide Weltanschauungen nebeneinander – die alte, ichbezogene, und die neue, die sich einer konstruktiven Verpflichtung immer bewußter wird.
Es heißt, es gäbe zwei Arten von Menschen – die einen, die Bananenschalen achtlos wegwerfen, und die anderen, die die achtlos weggeworfenen Bananenschalen aufheben und aus dem Weg räumen. Es gibt aber noch einige andere Arten von Menschen. Da sind die, die auf weggeworfenen Bananenschalen ausgleiten und sich verletzen; da sind die, die mit Wonne zusehen, wenn andere ausgleiten, und die, die wegschauen – was geht's mich an, wenn andere ausgeglitten sind? Und dann gibt es eben die, die sich darauf beschränken, ohne selbst einen Finger zu rühren, laut gegen ein System zu protestieren, das zuläßt, daß weggeworfene Bananenschalen herumliegen.
Von Noel Coward stammt der schöne Satz: Kritik an anderen ist kein Ersatz für eigene Leistung. Sicher: Nur weggeworfene Bananenschalen still aus dem Weg zu räumen, mag heute auch nicht mehr genügen; es ist darüber hinaus erforderlich mitzuwirken, daß weniger Bananenschalen fortgeworfen werden.
Diese neue Positiv-Weltanschauung hat sich in den letzten Jahren schon verschiedentlich artikuliert, aber noch nicht formiert. Dies ist auch darauf zurückzuführen, daß es sich dabei ja eigentlich nur um jenen Satz von Regeln handelt, die zu allen Zeiten für das konstruktive Zusammenleben von Menschen erforderlich waren;

das einzige Novum besteht darin, daß wir heute eine ungleich größere Verantwortung tragen als je zuvor. Für diese alt/neue Weltanschauung gibt es auch schon einige – meist nicht sehr glückliche – Bezeichnungen, Neo-Konservativismus etwa. Zwar geht es sicherlich auch darum, Wertvolles zu bewahren (conservare), aber mit dem Strukturkonservativismus alter Prägung hat dieses neue Denken sehr wenig zu tun. Wenn schon eine lateinische Bezeichnung – dann geht es eher um einen »Responsabilismus«, darum, uns unserer Verantwortung für Mensch und Natur bewußt zu sein und danach zu handeln.
Um diesem »Responsabilismus« zum Durchbruch zu verhelfen, bedarf es weder einer »neuen Ethik« noch eines »neuen Menschen«; diese neue, den Erfordernissen von heute und morgen entsprechende Weltanschauung ist nämlich längst vorgezeichnet. Sie findet sich im Solidaritätsbegriff des Sozialismus; sie findet sich im Begriff des »säkularen Humanismus« des Club of Rome, den dessen Gründer, Aurelio Peccei, mit den Worten »Überleben in Würde« umschrieben hat: Jenen Weg für die Menschheit anzustreben, der ihr ein Überleben sichert, aber nicht ein nacktes Überleben in Form eines weltweiten Gefängnisses, sondern ein Überleben in solchen Freiräumen, die es jedem Volk zu jeder Zeit gestatten, ein »würdiges« Leben nach eigener Entscheidung zu führen.
Vor allem ist dieser »Responsabilismus« aber auch mit allen großen Weltreligionen verträglich. Der Buddhismus strebt nach Einheit des Menschen mit der Natur; noch klarer kommt diese Verantwortung des Menschen im Christentum zum Ausdruck. Es hat nicht an Stimmen gefehlt, die dem Christentum den umgekehrten Vorwurf machten. So hat Carl Amery in seinem Buch »Das Ende der Vorsehung« gesagt, schuld an der Umweltmisere seien das Christentum und der Marxismus, der ja auch abgeleitetes Christentum sei. Denn durch den Auftrag der Genesis sei der Mensch geradezu verpflichtet worden, die Erde zu füllen und sie sich untertan zu machen.
Diese Auffassung ist längst widerlegt. Was die Worte »Mehret euch und füllet die Erde« betrifft, so dürfte dies so ziemlich der einzige Auftrag Gottes sein, den der Mensch erfüllt, ja übererfüllt

hat. Und wenn Gott den Menschen zum Herrn dieser Erde eingesetzt hat, daß er den ihm anvertrauten Garten »bebaue und bewahre«, so bedeutet »Herr« nicht schrankenloser Tyrann, sondern dominus, d.h. guter und verantwortungsbewußter Hausvater, dem das Wohl der gesamten übrigen Natur anvertraut ist. Wir sind, diesem Auftrag zufolge, nicht als Ausbeuter, sondern als Treuhänder eingesetzt.

Ja, mehr noch: Besonderen Aufschluß darüber, wie sehr die christliche Lehre den Forderungen einer responsabilistischen Ethik entspricht, gibt das Gleichnis von den Talenten. Drei Knechten werden Talente anvertraut: dem einen eines, dem anderen zwei, dem dritten fünf. Nach einer Weile kommt der Herr zurück und stellt fest, daß der dritte Knecht zu seinen fünf Talenten fünf weitere dazuverdient hat, der andere Knecht zu seinen zwei Talenten weitere zwei, der erste Knecht jedoch sein (einziges) Talent vergraben hatte, also unverändert aufbewahrt hatte. Nun geschieht etwas Sonderbares: Der Herr lobt den, der fünf Talente verdient hat, mit genau denselben Worten wie den, der zwei verdient hat; der Knecht, der aus seinem Talent nichts gemacht hatte, wird aber auf das härteste bestraft. Daraus ist zu schließen: Eine ungleiche Verteilung von Verantwortung ist in einer strukturierten Gesellschaft unvermeidlich; diese ungleiche Verteilung bedeutet jedoch nicht Vorrechte, sondern Vorpflichten – wer fünf Talente hat, muß fünf dazuverdienen, nur um es jenem gleich zu tun, der zwei hatte und zwei dazuverdiente. Vor allem aber: Jeder ist verpflichtet, nach seinem jeweiligen Vermögen mit seinen Talenten »Wucher zu treiben«, nämlich das Bestmögliche zu tun.

Dieses »bestmögliche Tun« ist in der Bibel sicherlich eher im geistlichen als im weltlichen Sinne gemeint; aber diese beiden Bedeutungen fließen zusammen. Der Auftrag »Liebe deinen Nächsten wie dich selbst« bezieht sich ja nicht nur auf den Nächsten neben mir, sondern auch auf den Nächsten nach mir, auf die nächsten Generationen, denen wir verpflichtet sind, dieses unser Land, diese unsere Erde in einem mindestens so lebenswerten Zustand zu hinterlassen, wie wir selbst sie übertragen bekommen haben.

Sagen wir also – ob gläubiger Christ oder nicht – ja zum Überleben, ja zu einem lebenswerten Leben, ja zu einer besseren Zukunft. Die Früchte unseres »Ja« werden nicht erst unsere Kinder ernten, sondern schon wir selbst.

Anhang: Ausgewählte Parlamentsreden

Wortmeldungen im Plenum des Nationalrats

---

20. März 1987

Herr Präsident! Hohes Haus! Tante Jolesch soll einmal vor einer Nationalratswahl gesagt haben: »Ich wünsche jeder Partei den größtmöglichen Erfolg.«

An diese Logik erinnert streckenweise die Budgetdebatte. Vielen Budgetansätzen wird ein höherer Anteil am Bundesbudget gewünscht.

Erst nachdem ich diese selbstkritische Vorbemerkung vorangestellt habe, wage ich meiner Besorgnis über das Umweltbudget Ausdruck zu verleihen. Auf die zahlenmäßigen Ansätze wird in der Spezialdebatte einzugehen sein. Ich möchte mich hier in der Generaldebatte auf einige wenige allgemeine Bemerkungen beschränken.

Was nützt es, wenn in einem Hause fleißig gearbeitet wird, die Arbeitenden aus dem Ertrag ihrer Arbeit auch brav einen entsprechenden Anteil für Kinder, für Alte und für Kranke zur Verfügung stellen, wenn aber das Haus gleichzeitig immer schadhafter wird? Für die Reparatur des Hauses haben wir kein Geld. Beträge, die dafür aufgewendet werden, scheinen verloren.

Das genaue Gegenteil sollte geschehen. In analoger Weise, wie Produktion vor Verteilung geht, also nichts verteilt werden kann, was nicht vorher geschaffen wurde, geht Überlebenssicherung vor Produktion, kann im Hause Österreich nur gearbeitet werden, wenn das Haus selbst in Ordnung ist. Damit kommt nicht nur jede produktionsorientierte Wirtschaftspolitik vor jeder Verteilungspolitik, sondern insbesondere Umweltpolitik vor jeder anderen Politik. Dabei steht Umweltpolitik aber absolut nicht im

Gegensatz zur Wirtschaftspolitik. Hiezu ein Beispiel, stellvertretend für viele andere:
Es heißt, daß von sämtlichen öffentlichen Deponien nur 3 Prozent ausreichend sicher seien, 97 Prozent seien tickende Zeitbomben, aus denen Giftstoffe früher oder später ungehindert ins Grundwasser gelangen können. Was für eine Chance für unsere ohnehin mit Schwierigkeiten kämpfende Bauwirtschaft und die in der Bauwirtschaft Beschäftigten!
Wenn es uns gelungen ist, in der Vergangenheit unzählige Milliarden für den Straßenbau bereitzustellen, für den die Zeit der hohen Zuwachsraten sicherlich vorbei ist, müßte es doch auch möglich sein, entsprechende Beträge für die Sanierung von Deponien aufzubringen. Niemandem würde etwas weggenommen. Es ist derselbe Wirtschaftszweig, der die einen wie die anderen Aufträge auszuführen vermag, nämlich die Bauwirtschaft.
Ich wage sogar die Behauptung, daß die Sanierung so mancher Deponie ungleich vordringlicher ist als der Ausbau des einen oder anderen Straßenstückes. Allerdings, den Nutzen einer Straße sieht man handgreiflich: Man kann darauf fahren. Den Nutzen einer sanierten Deponie sieht man nicht. Auch kann ein neues Autobahnteilstück mit Blasmusik und Trara eröffnet werden, bei einer sanierten Deponie ist kein großes Trara, sondern höchstens ein Stoßseufzer der Erleichterung am Platze! So ist also eine solche Eröffnung im Zeitalter der Fernsehdemokratie weit weniger attraktiv; das gebe ich gerne zu.
Noch ein zweites: der Nachfolger von Aurelio Peccei als Sprecher des Club of Rome, Alexander King, der übrigens in wenigen Tagen auf Einladung von Generaldirektor Vak in Österreich zu Besuch sein wird, hat vor einiger Zeit gesagt – ich zitiere –: »Kein modernes Unternehmen wäre heute noch konkurrenzfähig, wenn es keine längerfristige Planung und wenn es neben Linie nicht auch Stab hätte. Nur unsere westlichen Demokratien glauben immer noch, mit Ministerverantwortlichkeit, das heißt streng gehüteteten Ressortgrenzen, und mit einjährigen Budgets das Auslangen finden zu können.« – Zitatende.
Die Hauptprobleme unserer Zeit, meine Damen und Herren, überschreiten die Ressortgrenzen und sind sehr langfristiger Art.

Dies gilt insbesondere, aber nicht nur, für die Umweltproblematik, die quer durch die Ressorts geht, von der Landwirtschaft über Bauten und Technik bis Verkehr. Eine halbwegs zielführende Umweltpolitik erfordert daher zwingend das Zusammenwirken dieser Ressorts und eine längerfristige Planung. Analoges gilt für den gesamten Bereich Ausbildung, Bildung, Universitäten, Forschung. Gerade angesichts der zunehmenden internationalen Konkurrenz in wirtschaftlicher wie in geistiger Hinsicht kann und darf Österreich es sich nicht leisten, durch übertriebene Sparsamkeit in der Gegenwart seine Zukunft zu verspielen.
Nur um nicht den Eindruck zu verstärken, derzeit spreche ein Abgeordneter der Opposition, möchte ich rasch hinzufügen, daß ich durchaus Verständnis dafür habe, daß dieses nunmehr zur Diskussion stehende Budget für das Restjahr 1987 unter größtem Zeitdruck zustande kommen mußte und auf der Basis eines »Erbes«. Ich wage dieses Reizwort auszusprechen, das heute schon mehrfach apostrophiert wurde und das nicht hinweggeleugnet werden kann, denn jede Gegenwart ist Erbe ihrer jeweiligen Vergangenheit.
Diese Regierung hat aber ein Arbeitsübereinkommen für eine volle Legislaturperiode abgeschlossen, hat also erwartungsgemäß noch drei weitere Budgetjahre vor sich.
Der Wunsch, den ich abschließend deponiere, ist daher als Wunsch der Legislative an die Exekutive, als Wunsch eines Abgeordneten zum Nationalrat an die Regierung, zu verstehen: in der Erarbeitung des nächsten Budgets, das wir ja schon in einem halben Jahr zu diskutieren haben werden, die Bereitschaft
a) zu einer zumindest dreijährigen Vorschau und
b) zur Berücksichtigung von Umweltaspekten auch in den Budgetkapiteln, die andere Ressorts betreffen,
entsprechend zum Ausdruck zu bringen.
Meine Damen und Herren! Wir tragen eine Verantwortung, die über die budgetären Ansätze des Jahres 1987 hinausgeht, eine Verantwortung, für die uns die nächste Generation zur Rechenschaft ziehen wird. (Beifall bei der ÖVP, der SPÖ und bei Abgeordneten der FPÖ und der Grünen.)

22. März 1988

Herr Präsident! Frau Bundesminister! Hohes Haus! Das Sozialprodukt ist einer der ganz wenigen ökonomischen Begriffe, die breiteren Kreisen geläufig sind. Aber gerade das ist das Gefährliche daran. Andere Begriffe, wie etwa der Kapitalkoeffizient oder der Herfindahl-Index, laufen nicht Gefahr, allgemein fehlinterpretiert zu werden, einfach deshalb nicht, weil nur wenige Fachleute sie kennen. Unter dem Sozialprodukt aber stellt sich auch der ökonomisch nicht Vorgebildete etwas vor, nämlich einen großen Kuchen von Gütern und Leistungen. Je größer dieser Kuchen ist, desto glücklicher dürfen wir uns wähnen. Weist das Sozialprodukt höhere Zuwachsraten als in anderen Ländern auf, dann dürfen wir jubelnd vermelden: Österreich auf der Überholspur.

Nun, die etablierte Volkswirtschaftslehre weiß längst genau, daß diese Interpretation des Sozialprodukts als Wohlstandsmaß nicht stimmt. Sie tut aber nichts dazu, das Sozialprodukt als unseren nicht nur dominierenden, sondern eigentlich einzigen Wohlstandsindikator zu entthronen.

Die Kritik am Sozialprodukt als Wohlstandsmaß ist alt und die wissenschaftliche Literatur zu diesem Thema Legion. Schon Pigou hat darauf verwiesen, daß jeder Junggeselle, der seine Haushälterin heiratet, damit das Sozialprodukt verringert. Wir wissen, daß jeder schwere Verkehrsunfall das Sozialprodukt erhöht: Die Automobilwerkstätten bekommen zu tun, die Spitäler und, wenn es besonders gut geht, auch die Totengräber.

Schon die Grobdefinition des Sozialprodukts als »Kuchen von Gütern und Leistungen« ist falsch. Sie müßte lauten »Summe aller marktmäßigen Transaktionen«, aber damit fängt der einzelne schon nichts mehr an.

Ich habe vor einigen Jahren in einer längeren wissenschaftlichen Arbeit eine Klassifikation der verschiedenen Stoßrichtungen der Kritik gegeben. Um nur einige Ansatzpunkte zu erwähnen: Würden wir etwa auf längerlebige Autos übergehen, so würde das Sozialprodukt sinken. Müßte die Polizei Überstunden machen, weil sich die öffentliche Sicherheit verschlechtert, so würde das Sozialprodukt steigen. Vor allem aber – und das ist der Punkt, wo die Umweltproblematik zwingend auf den Plan tritt – gehen alle anläßlich der Erstellung des Sozialprodukts entstehenden Schäden überhaupt nicht in die Rechnung ein.

Wenn sich etwa der Schwerverkehr im Inntal verdoppelt, so daß die Wälder zugrunde gehen und das Leben dort immer unerträglicher wird, verdoppelt sich zwar der Beitrag an Verkehrsleistungen zum Sozialprodukt, die sterbenden Wälder scheinen aber genausowenig auf wie die verschlechterten Lebensbedingungen. Und damit lügen wir uns bei Verwendung des Sozialprodukts als Wohlstandsindikator nicht nur in die eigene Tasche; eine Erhöhung des Sozialprodukts weist vielmehr vielfach in die falsche Richtung.

Es ist schon einige Jahre her, daß ich darüber einmal mit einem hohen Beamten des Österreichischen Statistischen Zentralamtes sprach und ihm die dringende Notwendigkeit vor Augen führte, auf internationaler Basis eine grundlegende Revision der Sozialproduktsdefinitionen und -berechnungen anzustreben. Seine Antwort war: Aber ich bitte Sie, Herr Professor, jetzt haben wir uns so geplagt, die heutigen Definitionen international zu akkordieren, und jetzt kommen Sie daher und wollen schon wieder etwas Neues! – Eine wahre Geschichte.

In der Tat: Eine Revision der Definitionen der Sozialproduktsberechnung anzustreben wäre nicht nur eine Sisyphus-Arbeit, die sich über Jahrzehnte hinziehen könnte, sondern wäre schon deshalb nicht zielführend, weil damit die Dominanz des Sozialprodukts als Wohlstandsmaß nur noch untermauert würde.

Es hat daher folgerichtig in den letzten Jahrzehnten daneben eine Entwicklung immer stärker um sich gegriffen, dem Sozialprodukt andere Indikatoren der menschlichen Wohlfahrt zur Seite zu stellen. Dieses »social indicators movement« versucht, eigene Indikatoren für den Zustand der Umwelt, für das Ausmaß an öffentlicher Sicherheit, das in einem Land herrscht, für das Ausmaß an persönlicher Freiheit und so weiter zu entwickeln.

So löblich dieses Unterfangen auch ist, tritt dabei doch der entscheidende Konnex zwischen Sozialprodukterstellung und Verursachung von Schäden, die uns alle betreffen, in den Hintergrund.

Diese Lücke zu schließen, uns in Hinkunft durch verbesserte Informationen auch besser instand zu setzen, wirtschaftspolitische Weichenstellungen in einer Weise vorzunehmen, die uns nicht ärmer, sondern reicher macht, ist die Zielsetzung dieses Antrages, der im Umweltausschuß einstimmig verabschiedet wurde.
Ziel ist, das volkswirtschaftliche Rechnungswesen und die Wirtschaftsstatistik in Österreich – unter voller Wahrung des bestehenden, international ausgerichteten VGR-Systems – in Richtung auf umweltstatistische Evaluationen und eine Volksvermögensrechnung auszubauen.
Darüber hinaus soll auch eine wissenschaftliche Untersuchung der sogenannten »social costs« und »social benefits« in Auftrag gegeben werden, also der positiven wie negativen Nebenwirkungen und Folgewirkungen wirtschaftlicher Aktivitäten.
Es gibt ja auch positive Nebenwirkungen. Wenn etwa ein Bergbauer eine scheinbar unrentable Alm weiter betreibt und damit der Verkrautung und der Lawinenbildung entgegenwirkt, so leistet er damit einen positiven wirtschaftlichen Beitrag, dessen Bewertung uns genauso interessieren müßte wie die Bewertung von durch andere wirtschaftliche Aktivitäten entstehenden Schäden. Ohne Kenntnis dieser Bewertungen würden wir weiterhin fortfahren, falsch zu produzieren, das heißt im Interesse scheinbarer betriebswirtschaftlicher Kostenvorteile unserer Volkswirtschaft einen weit größeren Schaden zufügen, als diese scheinbaren Kostenvorteile ausmachen.
Zielrichtung des Antrages ist daher ein ökologisch wie ökonomisch gesünderes Österreich von morgen. Dem Antrag ist daher von ganzem Herzen zuzustimmen. (Beifall bei ÖVP und SPÖ.)

---

8. April 1987

Frau Präsident! Hohes Haus! Es kann gar kein Zweifel darüber bestehen, daß dem Thema Waldsterben allerhöchste Priorität zu-

kommt. Ich möchte sogar einen Schritt weitergehen: Meiner festen Überzeugung nach wäre es eine Verniedlichung, im Waldsterben ein »Problem« zu sehen; beim Waldsterben handelt es sich vielmehr um ein Symptom für ein viel tiefergehendes, viel grundsätzlicheres Problem.
Lassen Sie mich an einem Beispiel erläutern, was ich damit meine. Wollte man das Problem »Waldsterben« etwa dadurch in den Griff zu bekommen trachten, daß man resistente Baumsorten zu züchten versucht oder bestimmte Gesteinsmehle auf die Waldböden streut – so nützlich derartige Vorhaben durchaus an sich auch sein mögen –, so kommt mir dies so vor, als wollte man Scharlach dadurch bekämpfen, daß man eine Spezialsalbe erfindet, die die roten Flecken zum Verschwinden bringt. Eine Bekämpfung des Waldsterbens erfordert nicht eine Behandlung der Symptome, sondern der Ursachen.
Was diese Ursachen betrifft, handelt es sich um eines der augenfälligsten Beispiele der Tatsache, daß sich für uns Menschen des ausgehenden zweiten Jahrtausends die Problematik in vielen Bereichen rascher entwickelt hat als unser Erkenntnisstand. Noch nie in der Menschheitsgeschichte hat es ein analoges Phänomen gegeben. Es ist daher kein Wunder, wenn die Wissenschaft auch noch keine allgemeingültigen, schlüssigen Beweise dafür vorlegen kann, ob nun das SO2, NOx, andere Emissionen, Synergismen zwischen diesen verschiedenen Schadstoffen oder was auch immer zu wieviel Prozent am Waldsterben beteiligt sind. Es gibt auch neueste Theorien, denen zufolge Kurzwellenemissionen zu einer Eigenfrequenz mit dem Laubgeäst führen und damit die Photosynthese behindern. Weder erwiesen noch widerlegt.
In dieser Situation gibt es zwei Strategien. Die bequemere: Man sagt mit frommem Augenaufschlag, warten wir eben ab, bis die Wissenschaft schlüssige Beweise wird vorlegen können. Bis dahin, meine Damen und Herren – das ist von manchen Vorrednern schon gesagt worden –, ist es für wirksame Maßnahmen sicherlich zu spät.
Die andere Strategie – und zu dieser anderen Strategie haben sich vor mir schon mehrere Sprecher der Regierungsparteien ausdrücklich bekannt – ist jene, für die der Wiener Physiker Hans

Peter Aubauer die Bezeichnung »In dubio pro securitate« geprägt hat: Wenn wir nicht wissen, welche Ursache zu wieviel Prozent woran schuld ist, sollte unser Bestreben dahin gehen, jede denkbare Ursache maximal zu reduzieren; schlimmstenfalls hätten wir dann irgendwo des Guten vielleicht ein bißchen zuviel getan. – Eine Gefahr, die ich allerdings als recht gering einschätze.
Gehen wir über von den Ursachen zu den Verursachern. Es sind dies bekanntlich beim Waldsterben im wesentlichen vier: Emissionen von Kraftwerken, Emissionen von Betrieben, Emissionen aus dem Hausbrand und aus dem Verkehr.
Und hier erkennen wir mit Betroffenheit, daß es keine sofort greifenden, allgemein wirksamen, umfassenden Patentlösungen gibt, ja geben kann. Was soll von heute auf morgen mit dem Hausbrand geschehen? Wenn es nächste Woche wieder kalt werden sollte – soll dann den Haushalten verboten werden einzuheizen? Und im nächsten Winter?
Zweifellos sind eine systematische Verlagerung des Verkehrs von der Straße auf die Schiene und eine wesentlich beschleunigte Einführung des Katalysators unbedingt anzustreben. Es erfordert aber Jahre, ja bei der Verlagerung von der Straße auf die Schiene – Inntal-Untertunnelung oder ähnliches – Jahrzehnte, bis diese Maßnahmen zum Greifen kommen.
Frau Bundesminister Flemming hat in ihrer Wortmeldung ausgeführt, auf wie vielen parallelen Fronten sie bereits in den wenigen Wochen ihrer Amtstätigkeit zur Umweltoffensive übergegangen ist (Beifall bei der ÖVP.)
Bevor ich hier herunterkam und gerade aufgerufen wurde, hat sie mir noch gesagt, was sie gerne noch hinzugefügt hätte, aber im Bestreben, kurz zu sein, nicht angeführt hat, daß nämlich die Ziffern des Umweltfonds nicht ganz so ungünstig sind, wie sie auf den ersten Blick aussehen. Er ist zwar nur mit 1,3 Milliarden Schilling budgetiert. Dazu kommen aber 2 Milliarden Schilling Haftungsrahmen des Bundes und 1,5 Milliarden Darlehensrückflüsse, laut Auskunft der neuen Geschäftsführung, als sichere Einkünfte, und hiezu sind noch weitere Zuflüsse in fast der gleichen Größenordnung aus Umsatzsteuer und ähnlichem zu erwarten.
Weitere Maßnahmen, im Zuge einer Umweltoffensive wurden in

der Begründung des Entschließungsantrags der Abgeordneten Remplbauer und Lanner ausgeführt.
Die Österreichische Gesellschaft für Ökologie hat vor wenigen Tagen eine sehr prägnante Studie mit dem Titel »Reine Luft zum Atmen für Mensch, Tier und Pflanze« – ich habe sie oben auf meinem Platz liegen – veröffentlicht, in welcher ein ganzes Bündel konkreter aufeinander abgestimmter Maßnahmen nicht nur gefordert wird – das hätte sie mit vielen früheren Studien gemeinsam –, sondern hinsichtlich ihrer Auswirkung auf die Reduktion verschiedener Schadstoffe genau untersucht wird, eine Studie, die damit auch eine wichtige Basis für weitere zu treffende Maßnahmen bietet, indem genau vorgerechnet ist, was wo auf welchem Gebiet wieviel Reduktion bringt, so daß man nüchtern vergleichen und Prioritäten setzen kann.
Als Umweltsprecher einer der beiden Regierungsparteien könnte ich mich also darauf beschränken, zu unterstreichen – wie ich es in den letzten paar Sätzen getan habe –, was alles an Maßnahmen bereits initiiert wurde und wird.
Ich möchte es mir selbst aber nicht so leicht machen. Die Problematik, meine Damen und Herren, geht tiefer. Angenommen, es würde heute ein umfassendes Programm zur Entsorgung von Kraftwerken vorgeschlagen werden, das -zig Milliarden kostet, daher den Strompreis entsprechend erhöhen würde. Wer soll diese Erhöhung tragen? Die ohnehin unter starkem Kostendruck stehende produzierende Wirtschaft, die damit dem Ausland gegenüber ihre Konkurrenzfähigkeit vollends einbüßt? Der Konsument, für den die Strompreiserhöhung eine Einkommensschmälerung darstellt? Oder, wenn es die verstaatlichte Industrie wäre, der Steuerzahler, der einfach für eine Erhöhung des ohnehin hohen Defizits aufkommen muß?
Mißverstehen Sie mich nicht: Sie, meine Damen und Herren von den Grünen, wären sofort für eine solche Maßnahme, ein großes Programm zur Entsorgung der Kraftwerke, was auch immer es kosten mag, zu initiieren. Ich wäre auch sofort dafür. Aber ist die Masse der Konsumenten dafür? Wir leben, ich sage, Gott sei Dank, nicht in einer Diktatur. Wenn man glaubt, daß es in einer Diktatur leichter wäre, umfassende umweltschonende Maßnah-

menpakete schlagartig in Kraft zu setzen, so lade ich Sie alle ein, einen Blick in Nachbarländer mit zentral gelenkter Wirtschaft zu werfen, Länder, mit denen verglichen wir in Österreich der Lösung von Umweltproblemen – relativ gesehen – ungleich näher sind. Wir leben nicht in einer Diktatur, wir leben in einer repräsentativen Demokratie, in der der Entscheidungsprozeß äußerst mühsam, vielschichtig und langwierig ist.
Ein simples Detail, ein Mosaiksteinchen am Rande: Als Frau Bundesminister Flemming, die für die Einführung von Tempolimits gar nicht zuständig ist, vor ein paar Wochen gesprächsweise anregte, nur für die beiden Monate Mai und Juni vorübergehend und probeweise in Österreich Tempo 80/100 einzuführen, für jene beiden Monate, in denen laut Auskunft der Wissenschaft die Bäume am empfindlichsten auf Schadstoffemissionen reagieren, hätte *ich* diese Maßnahmen sofort und uneingeschränkt begrüßt. Ich wäre auch heute noch dafür, uns zwei Monate lang eine kleine Selbstbeschränkung aufzuerlegen, eine Selbstbeschränkung, die – wie wir alle wissen – in den USA längst allgemein gilt. Erinnern wir uns zurück: Die Reaktion der Öffentlichkeit war überwiegend negativ. Was brauchen wir das? Was bringt das? Wie kann das überwacht werden? Bin nicht ich der Dumme, wenn ich mich daran halte und mein Nachbar nicht?
Nun stelle ich die Frage – und es ist mehr als eine rhetorische Frage –: Wie hat sich ein Abgeordneter zu verhalten? Hat er sich als Repräsentant der Wählermeinung zu verstehen? Hat er den Wähler zu bevormunden? Ich bekenne mich dazu, daß sich jeder Abgeordnete stärker seinem Gewissen als der Wählermeinung verpflichtet fühlen sollte, daß er seinen in manchen Bereichen gegebenen höheren Wissens- und Erkenntnisstand in die Waagschale zu werfen verpflichtet ist. Ich bin mir aber dessen bewußt, daß diese Auffassung eine moralisch wie rechtlich debattierbare ist.
Ein Ausweg aus diesem Dilemma bietet sich an. All das, wozu ich mich meinem Gewissen gegenüber verpflichtet fühle, unermüdlich als Basis zur erforderlichen Bewußtseinsbildung immer breiterer Kreise einzusetzen, um dorthin zu kommen, daß das, was meiner Überzeugung nach für eine gesündere Zukunft Öster-

reichs notwendig ist, dann auch von einer breiten Wählermeinung bejaht wird.
Dies gilt nicht nur für das Waldsterben, dies gilt für die gesamte Umweltdebatte. Wir sind keine Diktatoren, wir 183, die wir hier sind, wir können nur im Rahmen unserer demokratischen Verfassung agieren. Wir alle sind dazu aufgerufen, wo auch immer möglich, im Umweltausschuß, in welchem – und das hat Abgeordneter Dillersberger als Vorsitzender des Umweltausschusses heute bereits ausgeführt – Abgeordnete aller vier Parteien sehr konstruktiv zusammenarbeiten, in den anderen parlamentarischen Ausschüssen, in allen Gremien außerparlamentarischer Art, in denen wir sonst tätig sind, darauf hinzuwirken, daß die auf vielen Gebieten bereits initiierten Maßnahmen zur Reduzierung der Ursachen des Waldsterbens so zügig wie nur irgend möglich beschleunigt und verstärkt werden. (Beifall bei ÖVP und FPÖ.). Keine Verniedlichung, aber auch keine Panikmache! Behalten wir kühlen Kopf und tun wir alles, was in unseren Kräften steht!
Gestatten Sie mir noch ein persönliches Nachwort. Als ich bei der ersten der drei namentlichen Abstimmungen keine graue, sondern eine rosa Karte in die Urne legte, tönte von den Bänken der Opposition ein durchaus amikales »Hu«. (Heiterkeit.) Ich werde auch bei der zweiten und dritten Abstimmung, ob mit oder ohne »hu«, mit den Regierungsparteien stimmen. Ich kann auch genau begründen, warum, und möchte dies tun.
Der vom Umweltausschuß eingebrachte Antrag, dem ich vorher durch Erheben von den Sitzen meine Zustimmung gegeben habe, entsprach dem Ergebnis dessen, was wir Vertreter aller vier Parteien im Umweltausschuß gemeinsam erarbeitet hatten. Dieser gemeinsam erarbeiteten Formulierung habe ich meine Zustimmung gegeben.
Wenn darüber hinaus die Oppositionsparteien im Plenum schärfere Formulierungen einbringen, über deren Realisierungsmöglichkeiten sie schon deshalb nicht nachzudenken brauchen, weil sie als Opposition für die Realisierung eben nicht verantwortlich sind, so ist dies ihr gutes Recht.
Ich gehe noch einen Schritt weiter. Umweltpolitik soll vielleicht

wirklich auf zwei Ebenen betrieben werden, auf einer Wunschebene, wie sie von der Opposition vertreten werden kann, eine Wunschebene, die viel ausformuliert, was eben dann aufgegriffen werden kann, und auf einer Realebene, wie sie von Regierungsparteien vertreten werden muß. (Beifall bei der ÖVP.)
Die Wunschebene – und das möchte ich gar nicht herabsetzen – mag manche wichtige Anregungen bringen. Was letztlich zählt, ist aber die zweite Ebene. Dort sind die realen und realisierbaren Umsetzungsmöglichkeiten.
Ich habe, meine Damen und Herren von der Opposition, volles Verständnis für Ihre Ebene. Ich bitte Sie umgekehrt um Verständnis dafür, daß ich und mit mir viele andere Abgeordnete beider Regierungsparteien – ich bin nicht allein – auf der anderen Ebene arbeiten. Wenn nicht nur wir für Sie, sondern auch Sie für uns Verständnis aufbringen, werden wir gemeinsam Erfolg haben. (Beifall bei der ÖVP.)

---

4. Juni 1987

Herr Präsident! Frau Bundesminister! Hohes Haus! Angesichts der Tatsache, daß schon viel Spezielles gesagt wurde und daß noch zahlreiche Abgeordnete auf der Rednerliste stehen, die sicherlich in kompetenter Weise zu vielen weiteren Einzelfragen Stellung nehmen werden, möchte ich mir erlauben, mich darauf zu beschränken, einige grundsätzliche Überlegungen zur Umweltpolitik, ja zum Ablauf des politischen Geschehens in Österreich in dieser neuen Legislaturperiode anzustellen, einer Periode, in der die Uhren in vielerlei Hinsicht anders zu gehen scheinen. Und diese Überlegungen, das kann ich versprechen, werden keine »Sonntagsrede« sein.
In den alten Zeiten der Alleinregierung einer Partei waren die Dinge jeweils vorgezeichnet gewesen. Der Bundeskanzler entschied, seine Partei applaudierte, die Opposition war dagegen, und der Wähler kannte sich aus. In der alten großen Koalition vor

1966 war Österreich in zwei »Reichshälften« geteilt gewesen, und der Wähler hatte sich ebenfalls ausgekannt. Als es in dieser Legislaturperiode wieder zu einer Koalition der beiden Großparteien kam, glaubten Pessimisten, daß die Aufteilung Österreichs in zwei »Reichshälften« unfröhliche Urständ feiern würde, Optimisten aber vermeinten, daß, wenn eine Regierung über eine 6/7-Mehrheit im Parlament verfügt, nun alle Probleme Österreichs schlagartig gelöst seien, wie im Märchen, wo alle Not plötzlich ein Ende hat, wenn sich Prinz und Prinzessin gefunden haben, wobei ich offenlasse, wer Prinz und Prinzessin war.
Was der Wähler aber zu sehen bekam, enttäuschte Pessimisten wie Optimisten. Einige Beispiele, wahllos herausgegriffen:
Da bringt das Fernsehen eine Äußerung des Umweltministers, Frau Dr. Flemming, sie würde ein Tempolimit 80/100 in den beiden Monaten Mai und Juni durchaus begrüßen. Tags darauf bringt das Fernsehen eine Äußerung eines anderen, derselben Partei angehörenden Ministers, er halte dies nicht für zielführend.
Gleich auf die andere Großpartei übergehend: Dr. Streicher spricht sich im Parlament für eine Auflassung der Nebenbahnen aus, in derselben Plenarsitzung – wir haben es ja erlebt – spricht ein Abgeordneter seiner eigenen Partei gegen die Auflassung.
Oder: Die steirische Landesregierung, ÖVP und SPÖ, nimmt in der Draken-Affäre eine – auch das haben wir erlebt, und von den Medien wurde es weidlich ausgeschlachtet – Frontstellung zur Bundesregierung ein, die ursprünglich aus SPÖ und FPÖ und dann aus SPÖ und ÖVP bestand.
Der Wähler, meine Damen und Herren, kennt sich nicht mehr aus, ist verunsichert, fassungslos. (Beifall des Abg. Fux.) Ich werde noch weiterreden. (Heiterkeit.) Der Wähler hat den Eindruck: Hier wird offenkundig nur gestritten.
Und der Wähler sagt: Jetzt, da wir eine 6/7-Mehrheit einer Koalitionsregierung haben, wo bleibt da die bereits funktionierende Patentlösung für eine sanierte, fröhlich wieder dahinproduzierende, strukturbereinigte verstaatlichte Industrie, wo bleibt das sanierte Budget, wo bleibt die heile, strahlende Umwelt?
Ja – meine Damen und Herren, dies ist jetzt nicht so sehr an Ihre

Adresse als an die Adresse des Wählers, der sich ja auch hier im Raume befindet, gerichtet – konnte in Österreich wirklich irgend jemand annehmen, daß die veraltete Sruktur unserer verstaatlichten Industrie, daß die auf über 600 Milliarden gestiegene Staatsschuld, daß die anstehenden unzähligen Umweltprobleme von heute auf morgen quasi via Dekret aus der Welt geschafft werden könnten? Nach abgeschlossener Regierungsbildung blieb nur der eine Weg zur Bewältigung all dieser und unzähliger anderer anstehender Probleme: alle Kräfte auf möglichst breiter demokratischer Basis in die anstehenden Entscheidungsprozesse einzubinden.

Das, meine Damen und Herren, ist ein äußerst mühsamer, äußerst zeitaufwendiger, aber in meinen Augen der einzig gangbare Weg, wenn solche Problemlösungen erreicht werden sollen, die im Rahmen eines größeren Ganzen sinnvoll und haltbar sind. (Beifall bei ÖVP und SPÖ.)

Ich möchte noch einen Schritt weitergehen. Ich werde oft gefragt, ob ich es schon bereue, den elfenbeinernen Turm der Wissenschaft verlassen zu haben, um in der Politik tätig zu werden. – Meine Antwort ist ein klares Nein. Ich bereue es nicht. Ich habe hier Gelegenheit, mit Abgeordneten aller Parteien, nicht nur der Regierung, sondern auch der Opposition, konstruktiv an der Lösung anstehender Probleme zusammenzuarbeiten.

Ich bin sogar überzeugt – und jetzt spreche ich ein großes Wort aus –, daß zukünftige Historiker den Beginn dieser Legislaturperiode als die vielleicht entscheidenste Wende des Parlamentarismus in Österreich seit 1945 bezeichnen werden.

Wie ich aus vielen Gesprächen mit Abgeordneten aller vier Parteien weiß, stehe ich mit meiner Sicht der Dinge nicht allein, daß nämlich das Parlament in dieser Legislaturperiode ein gegenüber früheren Legislaturperioden erhöhtes Selbstverständnis gefunden hat, daß damit aber auch dem einzelnen Abgeordneten ein ungleich höherer Stellenwert zukommt und daß der – jetzt spreche ich ein noch größeres Wort aus – außerhalb des Parlaments so viel zitierte Klubzwang de facto nicht mehr existiert. (Heiterkeit bei den Grünen.)

Mit dieser letzten Bemerkung meine ich nicht, daß nicht bei zahllosen Gesetzen, die uns die enge Interpretation des berühmten Artikels 18 B-VG auf den Tisch flattern läßt, Abgeordnete einer Partei auch weiterhin immer oder sehr oft ein homogenes Abstimmungsverhalten an den Tag legen werden. Das scheint mir in dieser Situation unausweichlich.

Ich meine etwas viel Grundlegenderes, nämlich: Die Zeiten sind vorbei, in denen wichtige Entscheidungen jeweils durch einzelne Parteisekretariate erfolgten und von den Abgeordneten – ich überzeichne jetzt ein bißchen – quasi mit geschlossenen Augen sanktioniert wurden.

Die Zeiten sind auch vorbei, in denen – und damit schließe ich an Abgeordneten Fux an – Gesetze praktisch zur Gänze im außerparlamentarischen Raum gemacht und im Parlament nur abgesegnet wurden. Nein, dies bestätigen mir Abgeordnete aller Parteien: Der einzelne Abgeordnete ist heute in den Gesetzwerdungsprozeß ungleich stärker involviert, ist ungleich stärker mitbeteiligt.

Und hier befinde ich mich im Widerspruch zu dem, was Abgeordneter Fux ausgeführt hat, ich fühle mich nicht als Hampelmann irgendeiner Gruppe, irgendeiner Lobby oder irgendeines Auftraggebers. (Abg. Dipl.-Ing. Flicker: Fuxsche Selbstdarstellung!)

Ich fühle mich als Abgeordneter dem österreichischen Volk und meinem Gewissen verpflichtet. Und wenn sich Herr Abgeordneter Fux auch nicht als Hampelmann irgendeiner Gruppe, sondern als Abgeordneter des österreichischen Volkes fühlt, dann sind wir schon zwei. (Abg. Fux: Dann stimmen Sie einmal bei einem Antrag, der Ihnen sinnvoll erscheint, zu!) Das werde ich gerne tun. Und wenn Sie wollen, sage ich an dieser Stelle auch gleich, wie ich zu diesen 25 heutigen Anträgen stehe. (Abg. Fux: Wenn Sie damit anfangen, werden Sie ein gutes Beispiel sein!)

Herr Abgeordneter Fux, ich werde jederzeit bereit sein, die 25 heute eingebrachten Anträge gründlich im zuständigen Umweltausschuß zu diskutieren, bevor ich dafür stimmen werde, sie dem Plenum zuzuleiten. Jeden der 25 werde ich gerne mitdiskutieren.

Meine Damen und Herren! Wir stehen aber noch in einer anderen Hinsicht an einer Wende: Die Zeiten eines fast automatischen Wirtschaftswachstums, das eine großzügige Verteilungspolitik ermöglichte, sind ebenfalls – es mag uns dies passen oder nicht – vorbei. Diese veränderte Ausgangssituation für Politik einerseits, erhöhte Möglichkeiten für den einzelnen Abgeordneten andererseits bedeuten aber auch ungleich erhöhte Verantwortung, sich in Hinkunft weit weniger als bisher nur als Repräsentant einer bestimmten Wählergruppe zu fühlen, sondern einem größeren Ganzen verantwortlich zu sein. Und dies hat unmittelbaren Bezug insbesondere zur Umweltpolitik.

Damit verlagert sich – wir sind alle Zeugen dieser Entwicklung – die Auseinandersetzung aber auch notwendigerweise stärker in die Parteien, nicht nur in die Regierungsparteien, sondern in alle Parteien. In einer pluralistischen Gesellschaft bestehen nun einmal Interessengegensätze, ja eine pluralistische Gesellschaft ist geradezu davon gekennzeichnet, daß solche Interessengegensätze bestehen. Eine Herabsetzung der Bausparprämie ist vom Standpunkt der Budgetkonsolidierung höchst wünschenswert, vom Standpunkt der Bausparkassen nicht.

Meine Damen und Herren! Was ist denn der demokratische Prozeß anderes als der Ausgleich zwischen solchen Interessengegensätzen? Ich möchte daher den Spieß umkehren. Das, was die Öffentlichkeit bisher vornehmlich als ein »Herumstreiten« registriert, ist der nach außen dringende Widerschein dieses notwendigen und richtigen Interessenausgleichs, ist für mich und, ich glaube, wohl für uns alle ein eigentlich höchst erfreuliches Zeichen eines erhöhten Reifegrades unserer Demokratie. (Beifall bei der ÖVP und bei Abgeordneten der SPÖ.)

Wem es an dieser Stelle schwerfällt, mir zuzustimmen, den frage ich nach der Alternative: Würde sich irgend jemand in Österreich, sei es in diesem Hause, sei es außerhalb, wirklich wünschen, daß für jedes der anstehenden Probleme irgend jemand hinter verschlossenen Türen – ein Parteisekretariat, ein starker Mann, ein Guru – bereits eine einsame Entscheidung getroffen hätte in den letzten Monaten? Wäre uns das lieber? Wenn wir aber, meine Damen und Herren, diesen verbreiterten Entscheidungsprozeß bejahen, so verlagert sich das Problem von einer Frage der Form auch zu einer Frage des Stils.

Österreich ist es gelungen, den Klassenkampf zur Sozialpartnerschaft weiterzuentwickeln. Damit hat Österreich seine Fähigkeit zur Sozialinnovation unter Beweis gestellt. Bemühen wir uns doch auch auf anderen Gebieten, im Andersdenkenden, sei es in einer anderen Partei, sei es in zunehmendem Maße in der eigenen Partei, nicht den Gegner zu sehen, sondern den eben aus einer anderen Interessenlage heraus agierenden Verhandlungspartner. Mein Gegner beim Problem A von heute mag schon morgen mein Verbündeter beim Problem B sein.
Nun kehre ich den Spieß um. Nicht nur der Wähler versteht den Politiker nicht, auch der Politiker versteht vielfach den Wähler nicht. Viele Entscheidungsträger stellen heute zutiefst betroffen fest, in Österreich »geht nichts mehr«. Ein Wort, das viele von Ihnen schon gehört haben werden: Zwentendorf »ging nicht mehr«, derzeit ist es die Pyhrnautobahn, morgen kann es das Dorfertal sein. Und flugs wird die Umweltfrage mit Revoluzzertum, mit Neinsagerei um des Neinsagens willen in einen Topf geworfen. Die im Falle von Ratlosigkeit übliche Suche nach irgendwelchen konspirativen Drahtziehern verläuft ergebnislos.
Dieses »Es-geht-nichts-mehr« ist nämlich keineswegs ein spezifisch österreichisches Phänomen. In manchen Ländern ist es noch viel ausgeprägter, etwa in der Bundesrepublik Deutschland, wo etwas so Eingespieltes wie eine periodisch immer wiederkehrende Durchführung einer Volkszählung ernsthaft gefährdet ist – sie scheint nicht mehr zu »gehen«.
Gerade dieser Blick nach außen, meine Damen und Herren, bietet uns aber auch den Schlüssel zum Verständnis. Der Wähler ist sich einfach nicht mehr sicher, ob er dem Politiker vertrauen kann, ob er sich durch den Politiker wirklich vertreten fühlt. Allzu viele Entscheidungen wurden in der Vergangenheit allzu selbstherrlich und hinter verschlossenen Türen gefällt.
Gewiß, der Bürger verlangt vom Politiker auch Entscheidungsbereitschaft, heute vielleicht sogar wieder stärker als noch vor einigen Jahren. Er erwartet aber vor der Entscheidung, daß sich der Politiker die Mühe nimmt, seine gepanzerte Festung zu verlassen, mit den Betroffenen ernsthaft zu sprechen, den Betroffenen klarzumachen, welchem sinnvollen Ganzen welche sonst

unverständliche Teilentscheidungen dienen sollen, vom Wähler aber auch Anregungen entgegenzunehmen, die er in den Entscheidungsprozeß einzubinden bereit ist. Es wird, meine Damen und Herren, in Österreich erst wieder »etwas gehen«, wenn wir die Bereitschaft und den Mut zu diesem neuen Stil der Entscheidungsfindung aufbringen, weder ohne den Bürger, schon gar nicht gegen den Bürger, sondern gemeinsam mit dem Bürger Politik zu machen. (Beifall bei der ÖVP und Beifall des Abg. Ing. Hobl.)

Welche Schlußfolgerung ergibt sich daraus für die Umweltpolitik? Umweltpolitik – das habe ich von dieser Stelle aus schon des öfteren gesagt – bedeutet nicht Politik für irgendeine außerhalb von uns selbst befindliche zu schützende Umwelt, einem Naturreservat, das man museal ansieht, vergleichbar. Umweltpolitik bedeutet Überlebenspolitik, nicht erst für unsere Kinder, sondern für uns selbst. Wir, die Abgeordneten im Umweltausschuß, gleichgültig welcher Partei, sind daher von der absoluten Priorität einer so verstandenen Umweltpolitik vor allen anderen Sachfragen genauso überzeugt wie Sie, Frau Bundesminister!

In dieser pluralistischen Demokratie, in der wir leben, stoßen wir – das hat auch Abgeordneter Pilz ausgeführt – innerhalb unserer Parteien auch auf andere Auffassungen. Wir haben daher die Verpflichtung und die Pflicht, unseren Auffassungen innerhalb unserer Parteien, aber auch – und auch darauf hat der Abgeordnete Pilz hingewiesen – innerhalb der Öffentlichkeit zum Durchbruch zu verhelfen. Das ist die Herausforderung, für Sie, Frau Bundesminister, wie für uns.

Im Umweltausschuß haben wir in den wenigen Monaten dieser Legislaturperiode schon manches zustande gebracht. Sie, Frau Bundesminister, haben manches zustande gebracht – in Ihrem Bericht haben Sie es geschildert –, und wir haben manches gemeinsam geschafft. Wir wissen, wie wenig es ist, wir wissen, wie ungeheuer riesig die Aufgaben sind, die noch vor uns liegen. Setzen Sie, Frau Bundesminister, Ihren unermüdlichen Einsatz für eine gesündere Umwelt fort, so werden wir Sie darin unterstützen. (Beifall bei der ÖVP.)

Literaturverzeichnis

Amery, Carl: Das Ende der Vorsehung. Die gnadenlosen Folgen des Christentums. Rowohlt, 1974.

Binswanger, H.C., Frisch, H., Nutzinger, H.G.: Arbeit ohne Umweltzerstörung. Strategien für eine neue Wirtschaftspolitik. S. Fischer, 1983.

Boulding, Kenneth: Systemanalyse und ihre Anwendung im Unterricht. Hrsg. Kaiser, F.J. Klinkhardt, 1975.

Bürger, Heinrich/Fischer, Roland: Mathematik-Oberstufe 1. Hölden-Pichler-Tempsky, 1978.

Capra, Fritjof: Das neue Denken: Die Entstehung eines ganzheitlichen Weltbildes im Spannungsfeld zwischen Naturwissenschaft und Mystik. Scherz, 1975.

Ders.: Das Tao der Physik. Die Konvergenz von westlicher Wissenschaft und östlicher Weisheit. Scherz, 1984.

Ders.: Wendezeit. Bausteine für ein neues Weltbild. Drömer Knaur, 1988.

Chapman, Peter: Fuel's Paradise: Energy Proof for Britain. Harmonsworth Penguin, 1975.

Coward, Noel: Present laughter. In: Plays, Vol. 4. Eyre Methuen, London 1979.

Deutsch, Karl W.: Politische Kybernetik. Modelle und Perspektiven. Rembach, 1970, 2. Auflage.

Forrester, Jay: Grundzüge einer Systemtheorie. Gabler, 1972.

Fritsch, Bruno: Wir werden überleben. Orientierungen und Hoffnungen in schwierigen Zeiten. Olzog, 1981.

Gabor, Dennis: Das Ende der Verschwendung. Deutsche Verlagsanstalt, 1976.

Ders.: Menschheit morgen. Scherz-Verlag, Bern-München-Wien 1965.

Gruen, Victor: Ist Fortschritt ein Verbrechen? Europa-Verlag, Wien 1975.

Günzl, Herbert Christoph: Neue Politik aus neuem Denken. Tröstler, Linz 1977.

Jungk, Robert: Die Zukunft ist noch nicht zu Ende. Heyne, 1987.

Kauffman, Draper: Teaching the Future. ETC-Publications.

Kuhn, Thomas S.: Die Struktur wissenschaftlicher Revolutionen. Suhrkamp, 1973.

Millendorfer, Hans: Prognosen für Österreich. Verlag für Geschichte und Politik, 1974.

Padrutt, Hanspeter: Der epochale Winter. Zeitgemäße Betrachtungen. Diogenes, 1984.

Peccei, Aurelio: Zukunftschance Lernen. Goldmann, 1983.

Ders.: Die Zukunft in unserer Hand. Molden, Wien 1981.

Pietschmann, Herbert: Das Ende des naturwissenschaftlichen Zeitalters. Ullstein, 1983.

Popper, Karl: Logik der Sozialwissenschaften. Köln 1975.

Ders.: Das Elend des Historizismus. Köln 1969.

Reisinger, Leo: Betriebsinformatik. Manz, 1978.

Roberts, Nancy: Introduction to Computer Simulation – a System Dynamics Modelling Approach. Addison-Wesley, 1983.

Schaff, Adam: Wohin führt der Weg? Überleben in der Informationsgesellschaft. Goldmann, 1987.

Schell, Jonathan: Das Schicksal der Erde. Gefahr und Folgen eines Atomkriegs. dtv, 1984.

Scitovsky, Tibor: Psychologie des Wohlstands. Campus-Verlag, Frankfurt–New York 1977.

Secretariat for Futures Studies, Sweden: Care and Welfare at the Crossroads. Stockholm 1982.

Sexl, Raab, Steeruwitz: Physik. Ueberreuter, Wien 1976.

Tinbergen, Jan: Wir haben nur eine Zukunft. Westdeutscher Verlag, Opladen 1977.

Tomandl, Theodor: Grundriß des Österreichischen Sozialrechts. Manz, 1985.

Vester, Frederic: Unsere Welt – ein vernetztes System. dtv, 1983.

Weingart, Jerome: The Helios Strategy: An Heretical View of the Potential Role of Solar Energy in the Future of a Small Planet. Laxenburg IIASA, 1981.

Weyss, Norbert: Solarstrom in Österreich. Forschungsbericht des Bundesministeriums für Wissenschaft und Forschung. Wien 1977.